小元素与大单元

小学语文单元整体教学设计与指导

宋庆捷◎主编

九州出版社
JIUZHOUPRESS

图书在版编目（CIP）数据

小元素与大单元：小学语文单元整体教学设计与指
导 / 宋庆捷主编. —北京：九州出版社, 2022.6

ISBN 978-7-5225-0945-7

Ⅰ . ①小… Ⅱ . ①宋… Ⅲ . ①小学语文课—教案(教
育) Ⅳ . ①G623.202

中国版本图书馆CIP数据核字（2022）第084727号

小元素与大单元：小学语文单元整体教学设计与指导

作　　者	宋庆捷　主编
责任编辑	刘　嘉
出版发行	九州出版社
地　　址	北京市西城区阜外大街甲35号（100037）
发行电话	（010）68992190/3/5/6
网　　址	www.jiuzhoupress.com
印　　刷	天津中印联印务有限公司
开　　本	710毫米×1000毫米　16开
印　　张	19.5
字　　数	308千字
版　　次	2022年6月第1版
印　　次	2022年6月第1次印刷
书　　号	ISBN 978-7-5225-0945-7
定　　价	79.00元

编委会名单

主　编：宋庆捷

编　委：张婷婷　　王友红　　王丹阳

　　　　李　萌　　邓跃男　　张雨濛　　闫继凡

前　言

国家"双减"政策的提出，是教育改革发展的必然选择。各校都在扎实落实"双减"政策精神的基础上提高教学质量。的确，向课堂要效率是提质减负的根本所在，单元整体教学势在必行。

单元整体教学是以语文教材上的专题单元为依托，在整合教材内容、活动内容、练习内容与链接课外资源的基础上，进行综合考虑的教学。这凸显的是整体和个体、共性与个性的关系。教材中的每个单元都是一个整体，整体关注整个单元的教学，有利于单元目标的达成，带给学生的便是整体把握文本能力的提高，综合素养的提升。在大单元视角下将语文教学和语文阅读、文学欣赏、写作表达整合为一个整体，其价值远远大于传统语文分块教学的价值。

基于此，老师们以单元整合为基本理念框架体系，在研读课标、分析教材及了解学情的基础上，对统编版语文教材进行了深入研究。每个单元的教学设计都是从教科书教学设计、读整本书教学、语文实践活动教学三部分构建链条式课程实施体系，使教师从单元整体的角度进行同一主题的大单元新课堂模式的尝试，为学生提供探索与交流的平台。老师们也努力让传统意义上的语文走向大语文，融入大观点，形成大任务，拓展大视野。努力让语文教学教"透"、教"广"、教"活"，达到"整体功能大于部分之和"的效果，给初次接触整体单元教学的老师一定的借鉴。

宋庆捷

2021 年 7 月

目 录
CONTENTS

第一章 教"透"篇

第二章 教"广"篇

第三章　教"活"篇

第一章

教"透"篇

〰〰〰〰〰〰〰〰〰〰〰〰

恰当利用课文落实单元语文要素

——统编版四年级下册第 1 单元整体教学设计

徐亚兰

【设计理念】

本单元具体的阅读训练要素是"抓住关键语句，初步体会课文表达的思想感情"。学习如何"体会课文表达的思想感情"这一范畴的阅读训练要素，统编版教材根据学生的认知发展规律，做出了循序渐进的设计安排。

表 1-1　阅读训练要素安排

册　序	单　元	阅读训练要素
二上	第 7 单元	展开想象，获得初步的情感体验。
二下	第 2 单元	读句子，想象画面。试着有感情地朗读课文。
四上	第 1 单元	边读边想象画面，感受自然之美。
四上	第 6 单元	通过人物的动作、语言、神态体会人物的心情。
四下	第 1 单元	抓住关键语句，初步体会课文表达的思想感情。
四下	第 3 单元	初步了解现代诗的一些特点，体会诗歌的感情。
五上	第 6 单元	注意体会作者描写的场景、细节中蕴含的感情。
五下	第 1 单元	体会课文表达的思想感情。

对于如何"体会课文表达的思想感情感情"，教材相关单元都给出了具体的方法，从低、中年级的借助"想象"，即运用图像化阅读策略，到中年级的抓人物动作、语言、神态，抓关键语句等，再到高年级的关注场景、细节描写，最后到灵活综合运用各种方法，总体上是循序渐进的。

"抓住关键语句"，是体会课文表达的思想感情的一种具体方法。三年级上学期第 6 单元学习过"借助关键语句理解一段话的意思",下学期第 4 单元学习过"借助关键语句概括一段话的意思",学生应该已经对如何判断文章中的哪些语句是"关键语句"积累了一定的经验和方法。判断关键语句,要在读懂每一个句子的基础上,发现句子意思间的联系,判断它们之间的关系,理清句子的不同"地位"和作用。

本单元的关键语句,是针对"初步体会课文表达的思想感情"而言的,那么如何能找到课文中的关键语句呢?结合"语文园地"的"交流平台",就能很清楚地领会这里所指的关键语句是什么样的语句了。

本单元的表达训练要素是"写自己喜欢的某个地方,表达出自己的感受"。它是与本单元的阅读训练要素相关联的。一是内容和表达的情感倾向上有关联,四篇课文所描写的地方或事物,基本都是作者喜欢的;二是写法上有关联,四篇课文中都有比较直接地表达作者情感和想法的语句,这次习作也提出要"表达出自己的感受",即快乐。感受怎么表达?一是直接表达,二是通过对具体地方的细致描写和自己在这个地方的活动来表现。这些都可以从单元课文中习得方法。

【内容简介】

四年级下册第 1 单元包括三篇精读课文,一是《古诗词三首》(杨万里《宿新市徐公店》、范成大《田园四时杂兴(二十五)》、辛弃疾《清平乐·村居》),二是陈醉云的《乡下人家》,三是茅盾的《天窗》。还有一篇略读课文,刘湛秋的《三月桃花水》。本单元的人文主题是"田园生活",围绕这一主题编排组织单元学习内容,意在让学生通过阅读认识或重新发现田园生活的美好和情趣。人文主题既是单元学习要落实的学习和成长目标之一,也为单元读写活动创设了特定的学习情境,让语文学习在认识世界的维度凸显出积极意义。

基于单元人文主题和语文的阅读和表达要素,这一单元的整体教学设计分为教科书教学、整本书教学、语文实践活动三个版块,为学生创设情境,引导学生想象画面,通过找关键词、诵读、结合图片、联系生活等不同方法感受田园风景的美,以及田园生活的乐趣。通过练笔习作写出自己的乐园,借景抒发自己的快乐之情,感悟生活之美。

【单元目标】

一、核心目标

1. 抓住关键语句，初步体会课文表达的思想感情。
2. 写自己喜欢的某个地方，表达出自己的感受。

二、常规目标

1. 随文学习生字、词语。认识"篱、疏、锄，剥"等 23 个生字，读准多音字"兴、乐、剥、和"，会写"稀、茅、檐、翁、赖"等 39 个生字。会写"屋檐、构成、装饰、慰藉"等 30 个词语，理解"慰藉"等词语的含义。

2. 有感情地朗读课文，能背诵和默写指定的课文。

3. 能抓住关键语句，初步体会课文表达的思想感情。

4. 积累本单元课文中生动形象的句子，想象体会句中的画面和情境。

5. 能认真倾听，记住别人话语的要点，根据对象进行准确转述。

6. 回忆自己的生活乐园，借助表格提示，写清楚乐园的样子和在乐园中的活动，表达自己快乐的感受，与同学交流习作，分享习作表达的快乐。

【教学设计】

第一部分 教科书教学设计

模块一 阅读鉴赏（2 课时）

一、学习目标

1. 能运用多种感官，借助关键词句想象画面，初步体会诗词中表达的情感。

2. 认识 23 个生字，读准 4 个多音字，会写 39 个生字，会写 30 个词语。

二、学习过程

课时1

（一）阅读导语页，激发学习期待

不同学生对乡村的认识是不一样的。导语页这样定位乡村："纯朴的乡村，一道独特的风景，一幅和谐的画卷。"先听听学生的看法，要了解学生自己心目中是否有了对乡村生活和景象的自我判断。读一读语文园地中"词句段运用"的第一题，并选两三个词语，说说你体会到的乡下和城市生活的不同。

板书：　　　　　cuǐ càn

城市生活：繁华璀 璨　高楼林立　车水马龙　灯火辉煌

　　　　　wò　　　　　niǎo

农村生活：肥沃 静谧　炊烟袅袅　依山傍水　鸡犬相闻

（二）初读感知，识记字词

1.初读感知，能简单叙述课文中所描绘的画面。

2.完成预习单，夯实基础。

表1-2　单元预习单

预习要求	《古诗三首》	《乡下人家》	《天窗》	《三月桃花水》
读课文，哪些词句让你脑海中出现美丽画面？摘录文中语句。				

3.出示学习单，让学生自读圈画，自主识字；读准字音，组内交流，引导学生借助字义区分多音字字音，运用多种识字方法记字形，规范书写。

4.扩展组词，理解词语。

课时2

（一）预习作业反馈，交流自己摘抄的句子

1.学生用所列表格，一一介绍自己摘抄的句子，并说出自己的感受。

2.学生互评,分析互相交流的感受是否恰当,说一说自己描写的画面。

(二)通读诗文,整体了解内容

1.感知田园风景。

(1)古诗归类回顾,学过哪些田园诗?

经过四年的学习,相信同学们一定积累了一些学习古诗的方法。师生交流古诗学习方法。

交流方法:借助注释,借助插图,查找资料,抓关键词,展开想象等。

(2)小声自读,边想边画。

想想这两首诗描写的是什么季节的田园风光,诗中都写了哪些景物,它们分别怎么样,你从中体会到了什么乐趣。

(3)借助关键词想象画面。

小组内交流这首词(《清平乐·村居》),你看到了怎样的一番场景?听到了怎样一种声音?感受到了怎样一家人?小儿是怎样"卧"?你看那小脚丫好像还在摇呢!你能想象他会有哪些卧姿吗?这些卧姿体现小儿什么特点?诗中哪个字最能抒发作者的心情?(初步了解诗文作者对自己所写乡村生活和景象的感情态度,这也是自主发现"关键语句"的过程。)

2.方法迁移,学习古诗。

借助书下注释、插图,引导学生想象诗中画面的色彩、人物活动,在自读、交流和探究的过程中,抓住"日长""篱落""无人过""新绿""阴""走""追""寻"等关键词,体会画面的美感,了解乡村生活的特点。

3.图文结合,解读诗意。

本诗诗中有画,画中有诗,同时也表达了一个有趣的故事,你能把这个故事讲给大家听吗?看谁讲得最生动,想象最丰富。

4.对比阅读,拓展延伸。

选取《四时田园杂兴》的"春日"组和本课的"夏日"组进行对比阅读,通过对比阅读,既容易让学生体会诗句表达的思想感情,又拓展了学生的类文阅读,可谓一举两得。

模块二　梳理探究（3课时）

一、学习目标

1. 边读边想象画面，能和同学交流自己喜欢的一处景致。
2. 揣摩优美的语句，学习作者通过描写景物来表达感情的写法。

二、学习过程

课时1

（一）走进文本，感受画面之美

1. 纯朴的乡村，一道独特的风景，一幅和谐的画卷。

朗读课文，想一想：如果给课文配画，你觉得可以配几幅图？分别给每幅图起个名字。

师生总结：按照房前院后的空间顺序和春夏秋三季的白天、傍晚、夜间的时间顺序交替描写，展现了乡下人家朴实自然、和谐、充满诗意的乡村生活，也赞扬了乡下人家热爱生活、善于用自己勤劳的双手装点自己的家园，装点自己的生活的美好品质。

2. 抓关键景致，展开想象，体会情趣。

课文中描绘了瓜藤攀檐图、鲜花轮绽图、雨后春笋图、鸡鸭觅食图、院落晚餐图、月夜睡梦图。

文章为我们呈现了一幅幅独特美丽的乡下画卷，你对课文描写的哪一处景致最感兴趣？请在四人小组中进行交流。

（1）引导学生感受色彩之美：

预设：在"瓜藤攀架图"里，我觉得颜色特别美。有红色的、青色的。青色的是成熟的瓜，让人充满期待，想着它长大以后的样子，要是我生活在乡下，肯定每天早晨都去看看这些青色的瓜熟了没有。

教师小结：颜色美，而且让人充满期待。

板书：红、青。

（2）引导学生感受动态之美：

预设1：这些瓜有许多种，有南瓜、有丝瓜，青的、红的，各种各样。

乡下人家能吃到自己种的绿色蔬菜，多好啊。

预设2：这些瓜"挂"在瓜架上，风一来，肯定摇摇摆摆，像是在跳舞。

预设3：瓜像一个娃娃，藤蔓每时每刻都带着瓜宝宝努力向上爬啊爬。

教师小结：你们不仅读到了"瓜藤攀架图"的美，还在头脑中生成了一幅动态的画面。一个"挂"字，就让这些瓜充满了活力。

板书：挂

作者以城市里的石狮子、旗杆和乡下人家的景致做对比，体现出乡下瓜藤攀架时的勃勃生机。

板书：

乡下人家

瓜藤攀架图 ——————▶ 红、青、挂

花开满园、雨后春笋 ——▶ 朴素、华丽

鸡群觅食图 ——————▶ 悠闲 ⎫

鸭子戏水图 ——————▶ 顽皮 ⎬ 喜爱

门前晚餐图 ——————▶ 天高地阔 ⎭

3. 关注关键句，体会情感之美。

出示《乡下人家》的美景图，再让学生通读全文，看看作者是如何称赞的。

"乡下人家，不论什么时候，不论什么季节，都有一道独特、迷人的风景。"教学生抓住中心句（关键句），理解文章和体会作者表达情感的方法。

课时2

（一）《天窗》，我的万花筒

1. 抓住关键语句，体会"天窗"带给孩子们的快乐，理解"天窗"是孩子们"唯一的慰藉"的原因。

（1）了解"慰藉"的意思，用"慰"组词，如：慰藉、安慰、宽慰……

（2）出示例句，让你学生们理解"慰藉"的深层含义。

教师引导："这时候，小小的天窗是你唯一的慰藉。"这句话在文章中出现了几次？

预设：两次。

教师追问：这两次分别出现在哪里？

预设：第一次在第四自然段，夏天下阵雨，孩子被关进地洞似的屋子里，这时候，天窗是孩子的慰藉。第二次是在晚上孩子被大人逼着上床休息的时候，小小的天窗又会成为孩子们的唯一慰藉。

（3）小组合作，阅读课文第四至第七自然段，思考：出现者两次"慰藉"的感觉前后的来龙去脉。让学生进行小组交流，教师巡视点拨。

板书：

天窗 ｛ 慰藉：看到、想到

神奇：从"无"到"有"，从"虚"到"实"

2. 抓住关键词句，感受想象的魔力。

朗读第五、七自然段，边读边想象画面。

课时 3

（二）总结经验，自主学习《三月桃花水》

1. 这篇课文描写的三月桃花水，给你们留下什么样的印象？

学生：三月桃花水是美丽、迷人、令人陶醉的。

我们应该用怎样的语气和情感来读课文？

学生：用欢喜的心情、轻快的朗读方式。

2. 体会关键句中的感情。

《三月桃花水》语句动人优美，看着你画下来的句子，说说这些优美的语句引发了你的哪些想象？你从哪里体会到了作者的喜爱和赞美？我们又该怎么读才能表达出这种喜爱和赞美？分组进行交流和朗读。

（1）为什么说"三月的桃花水，是春天的竖琴"？请同学们欣赏竖琴演奏曲。

配图：竖琴、桃花、春水。

（2）为什么说"三月的桃花水，是春天的明镜"呢？小组合作学习五、六自然段。

（3）抓关键语句，体会"三月桃花水，叫人多沉醉"的意境。

3. 扩展阅读。

（1）三月是一年中，最五彩缤纷、生机勃勃的时刻，正是有了像"三月桃花水"一样的春水，才赋予了春天活力，才会让我们感受到春天的美丽。现在，让我们用自己的眼睛去观察一下毛泽东的《卜算子·咏梅》、陆游的《卜算子·咏梅》、王安石的《梅花》等，找寻属于梅花的美丽！

（2）刘湛秋的散文有一种田园美，被海内外文坛誉为现代山林文学的代表。推荐阅读散文《雨的四季》。

模块三 表达交流（2课时）

一、学习目标

1. 能认真倾听，记住别人话语的要点，根据对象准确转述。

2. 回忆自己的生活乐园，写清楚乐园的样子和在乐园中的活动，表达自己的快乐感受。

3. 根据要求与同学交流习作，分享习作表达的快乐。

二、学习过程

课时 1

1. 激发兴趣，导入新课。

日常生活中，有时候，我们需要把一些事情转述给别人，把事情转告给别人听，可以叫捎口信、传话，也可以叫转述。今天，咱们就一起来学习转述。

板书：转述。

2. 练习转述，学习文本。

（1）出示课本上的图文，了解交际内容。

（2）尝试转述练习。

学生同桌间自由练习转述，再分小组进行转述。

板书：弄清要点，不要遗漏主要信息，注意人称角色转换。

3. 学生表演，练习转述。

教师评议：是否将通知正确清楚地告诉了对方？人物之间的交流是否注意了角色的转换、人称的转换？是否做出适度的情感反应？

4.实例练习。

指定一个接受转述的人暂时离开教室，以听不到教室里的谈话为宜。

老师对选定的转述者说："请你告诉XX，让他先给教室里的那盆绿萝浇点水，然后搬到外面晒晒太阳。"

转述者离开教室，向XX转述。

让XX进教室，大家看他的行动就可以判断出转述者是否转述成功。

课时 2

（一）"学习园地"看图写画

1.观察课文段二里的四幅图，小组合作，按照一定的空间顺序说一说。

2.出示两段话，请同学观察这两段话，回答有什么共同点。

预设：景色描写、分总结构、小短句、由远及近等。

3.选一幅图画照样子写一写。

（二）"我的乐园"习作练习

1.谈话激发学生兴趣，回顾单元课文。

2.明确要求，进行创作。

（1）明确要求，理清顺序。

你的乐园是什么样子的？你最喜欢在那儿干什么？这个乐园给你带来了怎样的快乐？

（2）描写乐园的样子，增强画面感。

（3）抓出关键词句，写出"快乐"的感受。

3.学生自主修改，分享习作，师生互评。

第二部分　读整本书教学——《西游记》

模块一　阅读欣赏（1课时）

一、学习目标

1.了解中国古典名著四大名著之一——吴承恩的《西游记》的主要内容。

2.从目录入手，了解本书的结构和特点，走进《西游记》。

3.能制定好阅读计划，做好阅读记录。

二、学习过程

（一）谈话导入，激发兴趣

1.同学们，上星期咱们阅读分享，同学们最爱读的还是经典名著，你们知道中国古典四大名著吗？说来听听，你们知道是哪几部吗？

2.说到《西游记》，你对西游记有哪些了解？从哪些途径了解到的？

（二）走近作者，了解吴承恩

1.说说你对吴承恩的了解。

2.出示作者资料。吴承恩（约1500—1582年），字汝忠，号射阳居士，又称射阳山人，南直隶淮安府山阳县河下（一说安徽桐城）人，祖籍安东……从这段资料中，你了解到了什么？看了这些内容介绍，你有没有什么想说的？

3.了解写作背景。

吴承恩是根据玄奘天竺（印度）徒步游学这一真实事件，在中国民间传说和话本、戏曲的基础上，经过艰苦的再创造，完成了《西游记》的创作。

（三）交流熟悉的片段

请同学们介绍一下《西游记》，不论是从哪种渠道了解到的（听大人讲的、看动画片、看书、听书等），将自己知道的内容和大家说一说。比如大闹天宫、三打白骨精、大战红孩儿、女儿国等故事。

（四）精读目录，制定阅读计划

同学们，《西游记》里有趣的情节有很多。比如人物为什么叫"悟空""悟能""悟净"呢？孙悟空金箍棒的重量、御花园蟠桃的成熟年限、人参果的成熟年限等，太多了。只要读下去，就会发现《西游记》真是奥妙无穷！记得阅读前，制定好阅读计划。

表1-3 《西游记》阅读计划表

阅读章节	阅读日期	阅读时长	阅读页数	是否完成

模块二　梳理探究（1课时）

一、学习目标

1. 了解章回体小说的特点。

2. 理解词语在语言环境中的恰当意义，辨别词语的感情色彩，并能联系上下文和自己的积累，推想文中有关词句的内涵，体会其表达效果。

二、学习过程

（一）交流《西游记》内容

同学们，《西游记》应该是我们最早接触的文学名著，从小时候的动画片到现在的西游电影，可以说西游一直陪伴着我们成长。由于《西游记》的剧情简单易懂，大部分学生都能说出其中的一些情节，今天我们就来说一说《西游记》。

（二）聚焦精彩片段《三打白骨精》

白骨精为了吃到唐僧肉三次变化，而孙悟空则三举金箍棒，又被唐僧三次阻拦，既然孙悟空本领高强，为什么不直接一棒打死白骨精，而要打三次呢？虽然打的目标相同，但每一次的情形却不同，让读者看到孙悟空本领高强，还能看出他的机智、忠心、勇敢等，可以使故事一波三折，引人入胜。

老师：让我们先走进故事发生的环境。

学生朗读：一天，唐僧师徒四人来到一座高山前，只见山势险峻，峰岩重叠。

老师：常言说，"山高必有怪，岭峻定生精"。这穷山恶水的环境中，必定有可恶的妖精。这样的环境描写真妙呀，它预示着惊险的故事即将发生。那咱们就走进故事的情节。（引导学生体会情节的反复。）

老师：反复叙事的写法，西游记里还有很多。跟三打白骨精反复次数相同的叙事，就有三借芭蕉扇等。

（三）走进文本，感受章回体小说的特点

（四）引导学生阅读整本书

让我们开启快乐的阅读之旅吧！

模块三 表达交流（1课时）

一、学习目标

1.学生能体会到阅读的乐趣。

2.学生乐于分享课外阅读成果，养成良好的阅读习惯。

二、学习过程

学生根据自己的兴趣，选择适合自己的读书交流方式。

1.好书推荐之写推荐词。

2.讲一讲我最喜欢的故事。

3.说一说我看完《西游记》的感受。

4.分享我的读书方法小妙招。（猜读法、跳读法、批注法……）

5.拓展阅读《森林报》。

第三部分 语文实践活动教学

模块一 阅读鉴赏（1课时）

一、学习目标

朗读比赛，想象画面，感悟、熏陶，直至喜爱大自然。

二、学习过程

（一）抓准韵脚，读好诗韵

诗韵是古诗朗读中潜在的情感语气，它主要依赖于读准平仄音、表现好韵脚韵音等。《清平乐·村居》分上下阕，上下阕的韵脚是可以变的，比如上阕的韵脚是"ɑo"，下阕的韵脚是"eng"，指导学生读好。

（二）正确理解，读准诗意

本课三首诗词写的都是春夏时节的美好风光与生活，三位作者笔调轻松、心情愉快。读时要明快一点，基调高一点，读出情味。边读边想象诗词意境，

"梅子金黄""麦花雪白"读时要与后面的"杏子肥""菜花稀"形成对比。

（三）展开想象，读出文中意境

朗读的最高境界是入情入境，比如《乡下人家》《天窗》《三月桃花水》，让学生们进入角色，获得自己的情感体验。

模块二　梳理探究（1课时）

一、学习目标

通过语文实践活动，掌握写景文章中如何如何作者思想感情的方法。

二、活动过程

（一）复习巩固

1.通过这次语文实践活动，你知道哪些表达作者思想感情的方法？

2.学生交流补充。

（二）梳理方法

1.自己总结表达感情的方法。

一种是正面描写，直抒胸臆；另一种是通过侧面描写或对比描写表达情感，或者是自己与景物的互动表达感情。

2.以小组为单位总结方法。

3.小组间交流，相互补充。

模块三　表达交流（1课时）

一、学习目标

通过"今日我是小导游"的活动，深化写景抒情的基本方法，从而培养学生的想象力、创造力、表演力和合作力。

二、活动过程

（一）小组合作

1.明确自己小组要介绍的地方。

2. 组员共同设计发言稿，注意从哪几方面介绍，并指派一人代表发言。

（二）展示评价

1. 各小组代表展示交流。

2. 同学评价，发表建议。

3. 选出优秀组，贴星鼓励。

（三）总　结

通过这次活动，大家对写景抒情的方法了解得更深入了！希望你们课下搜集更多的名家的写景文章来读。

让学生在分享交流中提升语文素养

——统编版四年级下册第 2 单元整体教学设计

王丹彤

【设计理念】

统编版四年级下册语文教材第 2 单元是科普文单元，同时第 2 单元也是策略单元，聚焦在问题的提出与解决。因此，不仅要着眼于引导学生提出问题，还要聚焦在解决问题。本单元中的四篇科普选文生动活泼，拓展了学生的科学视野。但是由于文本与学生的生活实际有一定的距离，这给学生的阅读带来了一定的困难。所以，在本单元教学的整体设计上，我们提供了一些表格工具和问题清单，让学生在这些辅助材料下进行主动探究。通过课前学习单，学生先解决自己能解决的问题，再带着问题进入课堂，通过小组交流、全班探讨和教师点拨，进一步解决问题，这也恰是这一单元的阅读训练要素"阅读时能提出不懂的问题，并试着解决"的主旨所在。

在本单元的探究学习过程中，要注意培养学生探究问题并尝试解决问题的意识。本单元导语如是说道："蓝天、森林、大海，蕴藏着自然的奥秘；过去、现在、未来，述说着科技的精彩。"本单元围绕着"自然奥秘，科学技术"这个专题选编了一组科普文：《琥珀》《飞向蓝天的恐龙》《纳米技术就在我们身边》和《千年梦圆在今朝》，旨在激发学生热爱科学、探索自然的兴趣。

【内容简介】

围绕人文主题和语文要素，本单元的阅读训练要素是"阅读时能提出不懂的问题，并试着解决"。这个训练要素实际上是培养学生的问题意识和提问能力，并在此基础上能试着去解决问题。四篇课文阅读训练要素的侧重各有不同：《琥珀》要求"提出不懂的问题，并联系上下文试着解决"；《飞向蓝天的恐龙》要求"把不懂的问题写下来，并试着通过查资料、联系课文内容来解决"，除了记录问题，还新增了"查资料"的方法；《纳米技术就在我们身边》提出"与同学交流"的解决方法；《千年梦圆在今朝》则是对前面方法的综合运用。

本单元的写作训练要素是："展开奇思妙想，写一写自己想发明的东西。"这与本单元的人文主题一脉相承。

本单元的口语交际主题是"说新闻"，要求学生能讲述一则新闻，准确传达信息，把新闻讲得清楚、连贯，并发表自己的看法；语文园地梳理了遇到不懂问题时解决的几种方法，并总结了课文所运用的做比较的说明方法。

本单元的"快乐读书吧"版块，介绍了米·伊林的《十万个为什么》及中国的《十万个为什么》等书籍。教师可以通过读书活动引导学生有计划地阅读，养成良好的阅读习惯，在分享交流中提升学生的语文素养。

【单元目标】

一、核心目标

1. 阅读时能自主提出问题，并尝试通过联系上下文、结合生活经验、查资料以及向同学请教等方式解决问题，培养提问意识和积极解决问题的习惯。

2. 体会科普文章行文的严谨和语言表达的准确。

3. 培养阅读科普文的兴趣，热爱科学，关注科技发展。

二、常规目标

1. 认识 43 个生字，认准"率""扎"这两个多音字，会写 45 个生字，会写 45 个词语。

2. 默读课文，把握文章脉络，了解文章大意。

3. 借助图表或思维导图等工具，用自己的话简明扼要地说明文章的主要内容。

【教学设计】

第一部分　教科书教学

模块一　阅读鉴赏（2课时）

一、学习目标

1. 明确单元任务，了解单元概貌。

2. 夯实字词基础，掌握疑难字词。

3. 梳理文章脉络，了解文章大意。

二、学习过程

课时 1

（一）整体感知，完成预习单

表 1-4　单元整体预习单

问　题	学生回答
本单元的课文类型	
课文向我们介绍了什么	
课文用到了什么说明的方法	
口语交际主题	
习作主题	
快乐读书吧推荐了什么作品	
你还读过哪些科普作品	

【设计意图】让学生通过阅读教科书，对整个单元的学习有整体性把握，为单元整体学习做好准备。

（二）自主预习字词，初步感知内容

表1-5　单元模块预习单

栏　目	要　求	学生回答
字词预习	1. 读音。	
	2. 重点字书写并组词。	
内容预习	1. 琥珀一文主要讲了一件什么事？	
	2. 请画出恐龙演变的时间轴。	
	3. 请找出纳米技术在我们身边的例子。	
	4. 按照时间梳理我国在航天上取得的成就。	
我的思考		

【设计意图】学生以预习单为抓手，阅读课文，初步感知课文大意。

课时 2

（一）自主交流，相机点拨

教师提供字词单，学生自主交流字音、字形、词义，有疑问的请教老师。

【设计意图】学生自主完成字词单，初步解决问题，教师指导点拨，有针对性地提高课堂效率。

（二）整体感知，梳理脉络

表1-6　课文《琥珀》预习单

问　题	学生回答
用自己的话说说这块琥珀形成的过程。	一个夏日，天气炎热。一只小苍蝇正停在一棵大松树上休息，一只蜘蛛慢慢地向它靠近。蜘蛛刚扑过去，一大滴松脂从树上滴下来，刚好包住了苍蝇和蜘蛛，松脂继续滴下来，形成了松脂球。几千年过去了，松脂球一直挂在老松树上。后来，陆地渐渐沉下去，海水淹没了森林，松脂球淹没在泥沙下面，又过了几千年，松脂球变成了化石，也就是琥珀。

续　表

问　题	学生回答
"推测"是什么意思？联系琥珀形成的过程，说说下面的推测依据是什么。 1.晌午的太阳热辣辣地照射着整个树林。许多老松树渗出厚厚的松脂，松脂在太阳光里闪闪地发出金黄的光。 2.一大滴松脂从树上滴下来，刚好落在树干上，把苍蝇和蜘蛛一齐包在里头。	"推测"的意思是根据已经知道的事情来想象不知道的事情。 1.琥珀是松脂的化石。只有在夏天天气很热时，老松树才能渗出大滴松脂。 2.如果没有一大滴松脂滴下来，就不可能把苍蝇和蜘蛛一齐包在里头。

表 1-7　课文《飞向蓝天的恐龙》预习单

年　代	恐龙状态
两亿四千万年前	
数千万年后	
亿万年前	

表 1-8　课文《纳米技术就在我们身边》预习单

自然段	提　问	归纳汇报
第2自然段	1.什么是纳米技术？边读边画出相关的句子。 2.读后，你有什么感受？ 3.纳米究竟有多大？课文是怎样说明的？	纳米是非常非常小的长度单位，1纳米等于10亿分之一米。运用列数字的说明方法，准确地写出纳米的大小。如果把直径为1纳米的小球放到乒乓球上，相当于把乒乓球放在地球上。运用了比较的说明方法。这样写更直观形象。
第3、4自然段	1.自由朗读课文，边读边画出在我们身边哪些地方使用了纳米技术。 2.结合从课文中找到的语句。 3.说一说自己对"纳米技术就在我们身边"的理解。	1.在文中勾画并交流，展示资料，寻找身边的例子，进一步理解"纳米技术就在我们身边""纳米技术可以让人们更加健康"。 2.第3自然段在身边的有3点。整体再读第3、第4自然段，体会总分的构段关系。
第5自然段	"在不远的将来"说明了什么？"衣食住行"说明了什么？这段话与第1自然段有什么关系？	（纳米技术发展很快。） （生活的方方面面都将受到纳米技术的影响。） （首尾呼应。）

表 1-9　课文《千年圆梦在今朝》预习单

要　求	学生回答
请以时间为顺序整理我国在航天上取得的成就	

【设计意图】四年级学生有独立阅读与在文本中提取信息的能力，因此在教学中以学生为主体探究，提示学生用好学习单实现自主发现并解决问题。教师从旁关注并给学生提供适时指导，旨在培养孩子的问题意识和积极解决问题的能力。

模块二　梳理探究（2课时）

一、学习目标

1. 理解科普文章中推测的依据。
2. 体会科普文章语言表达的准确和生动。
3. 梳理提问的角度和解决问题的方法，培养提问意识和积极解决问题的习惯。

二、学习过程

课时 1

（一）梳理提问思路，提炼解决方法

联系四年级上册第 2 单元的内容，以一颗豆荚里的五粒豆子为例子，回忆批注在课本上的问题都是以什么角度提出的，思考这些问题应该如何解决。自由讨论后，以课本第 31 页的"交流平台"为抓手进行归纳总结。

【设计意图】通过与四年级上册第 2 单元内容进行联系，引导学生将旧知识与新知识串联起来，同时以旧知识为出发点探索新知识，提高学生的学习兴趣。

（二）体会科普文推测的依据性

科学家就是根据看见的这些真实的事物，想象了一万年前的详细情形，那作者是如何根据那块琥珀的样子推测出琥珀的形成过程呢？请同学们在小组内进行研读。

研读要求：

1. 把琥珀的样子"真实"的部分和前边"想象"的部分联系起来读，从"想象"的部分中找出与"真实"对应的句子批画下来。

2. 用"根据……推测……"或者用"因为……所以……""只有……才……"等关联词语在小组内说一说，作者是如何推测琥珀的形成过程的。小组成员之间进行交流。

通过以上的练习，我们知道了这个故事不是凭空的想象，作者写的都是有根据的，是科学的推测。这是科学小品文的一大特点——科学性。

总结：这个故事不是凭空的想象，根据这块琥珀的样子想象出一万年前的详细情形，这就是"推测"。作者写的是有根据的，是科学的推测，这是科普文的一大特点。

【设计意图】通过表格让学生联系课文内容自主比较"想象"和"推测"两个词语的区别，也正是从"推测"一词入手，引出科普文的特点。

课时 2

（一）感受科普文语言的准确性

1. "科学家们希望能够全面揭示这一历史进程"，这一句中的"全面"能省略吗？这说明了说明文语言的什么特点？

2. 你还在本单元的课文中找到了哪些类似的句子？勾画出来并进行简单批注。

（二）感受科普文语言的生动性

1. 将课本第 19 页的"阅读链接"（《琥珀物语》）相关内容与课文《琥珀》第 6—12 自然段进行对比，找到内容相近的部分，体会两者在表达上的不同。

总结：《琥珀》——文艺性科普文的表达手法；《琥珀物语》——平实性科普文的表达手法。

2. 《琥珀》一文被放在"生命"这一单元里，请同学们阅读"我的视角"中丁丁的话："快乐的……，获得了永恒。"那么，由这块琥珀你获得了哪些生命的启示？

总结：一块小小的琥珀，在时间的长河里，成千上万绿翅膀的苍蝇和八只脚的蜘蛛来了又去了，都成了过眼烟云，而这两只小虫却留了下来。这块琥珀很珍贵，很有价值——科学研究价值、艺术鉴赏价值、经济效益……它们的生命虽然在那一瞬间终止了，但生命的价值却获得了永恒。这说明，死和生之间没有严格的界限，生命的价值也不是寿命的长短能衡量的，一篇关于琥珀的说明，只要细细品味，我们就会发现说明文中也蕴藏着生命的启示。

【设计意图】通过阅读课文整体感受文章脉络，以句子为切入点品读文章，感受科普文语言的准确和生动。

模块三　表达交流（3课时）

一、学习目标

1.学习用对比列举的方法介绍事物。

2.清楚、连贯地讲述一则新闻，准确传达信息，并发表自己的看法。

3.发挥想象，借助图示，清楚介绍自己要发明的东西，并写下来。

二、学习过程

课时 1

（一）学习用对比列举的方法介绍事物

1.你从哪些地方感受到了恐龙家族的庞大？完成下面的表格。

表 1-10　恐龙家族学习单

恐龙的特点	说明角度

总结：第一组"两足奔跑"与"四足行走"，是从恐龙行走的角度对比着写；第二组"身长几十米，重达数十吨"与"身材小巧，体重只有几千克"，是从恐龙的身型和体重的角度，对比着写的；第三部分"凶猛异常、食肉动物"与"温顺可爱、以植物为食"，是从恐龙的性情和食性的角度对

比着写的。这种写作方法叫作"对比列举"。

（二）小练笔

运用对比列举的方法，仿照这段例子写一段话。

【设计意图】从学生自己的总结加词语的特点入手，掌握对比列举的写作方法。素材确定后，先以表格引导学生梳理要写的具体内容，再以口头作文的形式说一说，最后再落实到笔头上，这样的练笔就有了梯度，使学生容易上手。

课时 2

（一）明确口语交际要求

这次口语交际要求学生们说一说近期的新闻。引导学生走进社会，了解和收集天下大小事，培养学生搜集材料和处理信息的能力。通过组织发布新闻和评议新闻的活动，提高口语交际能力，激励学生关心国内外大事和身边小事，激发学生热爱生活，关注生活的思想感情。

（二）说一说新闻的设计流程

仔细看看插图，想一想每幅图上都画有哪些人？他们都在干什么？从图中我们可以看出，图上一共有五个小朋友，他们在交流最近所了解的新闻。

通过报纸、广播、电视、网络等渠道，搜集国际、国内新闻，或用调查、访问等方法了解周围最近发生的事情，新闻要真实，要及时，还要有价值。从中选择自己感兴趣的练说几遍，再想一想自己有什么看法。

把你最感兴趣的一则新闻讲给同学们听，注意要说清楚新闻的来源（我在××报纸/网站/上看到一则新闻）、新闻的内容（时间、地点、人物、事件以及这则新闻一共有几层意思，分别是什么），还要说一说自己的看法（表示赞同或反对，联系社会现象提出要求或发出倡议、发表观点等），讲述新闻要求吐字清晰、声音洪亮、说话流畅、仪态大方。

小组评议，讲述新闻的同学内容是否符合要求、语言是否流畅、重点是否突出。

【设计意图】老师有意识地指导，能让学生更清楚本次口语交际训练的重点，明确说新闻时要准确传达信息，讲述时要清楚、连贯，要把握语速、语调。人与人之间的直面交流和沟通，体现了口语交际的互动性和实践性，有利于提高学生的思维敏捷性。

课时 3

习作：我的奇思妙想。

习作要求：发挥想象，借助图示，清楚介绍自己要发明的东西，并写下来。

（一）导入环节

1. 视频播放《阿凡达》第一节 18 分 12 秒到 19 分 14 秒的片段。学生将所想写在学习单中。

2. 课件出示一组四字词语，引导学生明确词语类别。课件再出示一组充满想象力的诗句。

表 1-11 习作学习单（1）

题 目	学生回答
关于阿凡达之我的想法	
关于想象我积累的词语	
我想与大家共赏的诗句	
思考与补充	

【设计意图】通过观看视频、诵读词语、诗句，激发学生的想象力，同时也使学生积累语言文字，导入环节中加入同学之间的交流，增强课堂的文学气息。

（二）发挥想象

以鞋的图片为切入点，让学生想象通过这只鞋会想出来什么"金点子"，例如功能组合、功能变化等，把思路写在鞋的空白处。

表 2-9 习作学习单（2）

一只鞋的想象	学生思路

（三）例文引路

1.出示例文，明确写法。

学生之间交流文章先写什么后写什么？预设：先写防盗门的样子，后写它的功能。小结：出示课件。写作文的时候，要把奇思妙想按一定的顺序写清楚。先写名称，再写样子或结构，最后介绍功能。

文章详写了什么？预设：详写了防盗门的功能小结：为了表现防盗门的特点，作者举了三个具体的例子。（课件出示：抓住特点写具体。）

怎么才能抓住特点写具体？（课件出示：运用列数字、做比较、打比方等说明方法。）

2.理清思路，完成任务。

课件出示任务单。在小组内交流自己想写的内容，给自己的奇思妙想一个精彩的名字：我奇思妙想的点子是＿＿＿＿＿＿＿＿＿＿＿＿＿。

各自完成任务单。

表1-12　习作学习单（3）

我的奇思妙想	
"它"的名字	
"它"的样子	
"它"的功能	
其他补充说明	

四人一组讨论交流；全班交流。

教师小结。

（四）学生习作

1.教师引导。如果说想象是框架的话，文字结构、章法就是砖瓦。在完成习作时要注意以下几点要求哟！

2.出示课件。要赋予所写事物人的思想、感情、行为。想象要新奇，描写情节、刻画人物要夸张、吸引人。要以现实生活为基础进行合理想象，不要胡编乱造。主题要表现人类善良、美好、科学、进步等内容。

【设计意图】经过指导，学生已有法可循，有话可说，接下来可以进行本次习作教学的实践，让学生构思、写作。在这个过程中让学生自主写作，自由表达，鼓励学生发挥创意，大胆想象，写成一篇新颖有趣的科幻作文。

（五）二次习作修改

1. 欣赏佳作。教师引导学生从内容和写法两方面来探讨佳作。示例：想象的源泉源于生活中遇到的问题，想象合理真实、条理清晰地介绍了皮箱智能屋的外观、材料和用途。

2. 修改习作。四人小组交流自己的习作；朗读自己的习作，画出精彩的段落和句子；小组内互相交流，互相学习精彩段落和句子的写法；小组内评选出小组最佳习作，准备参加班级交流；学生听取小组同学建议后，自行修改习作。

【设计意图】学生欣赏佳作后，再进行小组互评互改，对文章进行补充优化，以提高写作质量。这种合作学习的方式能够让学生端正习作态度，养成良好的习作习惯。

3. 集体交流，作文诊断。选择有代表性的习作，让学生朗读自己的习作，全班评议。

4. 学生整理自己的习作，二度创作，然后自读品味。

【设计意图】通过开放式评价指导，沙里淘金，找出亮点，例如个性化的语言、出彩的句子，小节、开头、结尾等，放大亮点，放大优点。激励评说，你说我议话精彩。这让学生明白别人作文写得好的地方，也让学生明白怎样写才好，如何写得更好，更让学生知道别人哪里写得比自己好，自己哪里写得比别人好；进一步树立了学生的习作信心，激发其兴趣，使学生生成二次作文。

第二部分　读整本书教学设计——《十万个为什么》

模块一　读前指导课（1课时）

一、学习目标

1. 激发学生的阅读兴趣，让书籍成为学生的良师益友。

2.指导学生学会读整本书的简单方法。

二、学习过程

（一）导入阅读主题

1.单元导读：蓝天、森林、大海，过去、现在、未来，述说着自然的奥秘，科技的精彩……引导学生提出问题。

2.推荐科普作品：让我们一起走进"快乐读书吧"，到科普作品中去寻找答案吧！

【设计意图】紧扣本单元人文主题和语文要素，采用"提问"的策略，激发学生的阅读兴趣，导入科普作品这一阅读主题自然就水到渠成。

（二）感知全书梗概

1.猜测书名。"五千个哪里，七千个怎样，十万个为什么。"——卢·吉卜林。今天我们要读一本科普书籍，它的书名与英国作家、诺贝尔文学奖获得者卢·吉卜林的这句话有关，你们猜猜是哪本书？（课件出示：十万个为什么。）

2.导读封面。当我们捧起这本书，请仔细阅读这本书的封面，你获得了哪些信息？（预设：书名、作者、译者、出版社）介绍作者：米·伊林，苏联著名的科普作家。（课件出示：作者简介。）

3.导读封底。我们再一起来看看封底，你还能发现哪些信息？封底也有书名，还有书的价格和条形码。条形码用来存储书的相关信息，比如价格、出版社、出版日期等。

4.介绍版权页。这本书是什么时候出版的？这已经是第几次印刷？你从中知道了什么？（课件出示：《十万个为什么》相关资料链接。）

5.阅读目录。米·伊林的《十万个为什么》如此吸引读者，它究竟是一部怎样的书呢？让我们一起来读一读目录。（课件出示：目录内容。）你从目录中发现了什么？

6.简介内容。作品采用"屋内旅行记"的方式，选取了六个"旅行站点"：自来水龙头、炉子、餐桌和炉灶、厨房锅架、碗柜、衣柜，针对每站点中常见的事物，提出了许多看似简单却不那么容易回答的问题。

7. 共读结尾。

【设计意图】引用英国作家的名言，引导学生预测书名，激发学生的阅读兴趣；通过导读封面、封底、扉页、目录、结尾，引导学生发现其中隐含的信息，初步了解整本书的大概内容及独特的写作形式。

（三）指导阅读策略

1. 预测目录内容。读了目录，你对哪个"旅行站点"感兴趣？猜猜米·伊林在这个站点可能会写些什么。学生交流，并浏览相关内容，印证猜测。

2. 阅读内容摘要。

课件出示"屋内旅行记"部分内容。

学生自由朗读。

老师指名读，引导：读了这段文字，你们有什么感受？（课件出示：内容有趣，语言生动。）

3. 指导阅读策略。

老师指导：这是一部科普读物，该怎么阅读呢？看看课本上的小贴士介绍了什么方法？课件出示小贴士。

师生合作朗读。教师引读"阅读科普作品的时候""读完后还可以想一想"，生接读后面部分。

教师引导：根据你的读书经验，你认为阅读这类书籍还可以采用什么方法？预设：看问题、找答案、记知识。

指导写批注。一边阅读一边写批注是很好的学习方法。读文章的时候，遇到写得好的地方、有疑问的地方、有启发的地方，都可以写批注。可以圈画相应的词句，也可以在旁边空白处写写批语。（课件出示：写批注。）

4. 自主选读章节。生交流阅读章节，谈收获。

【设计意图】遵循"从整体到部分"的阅读规律，引导学生借助目录预测内容，并结合学生的已有经验，指导科普作品的阅读方法。学生在阅读实践中自主运用方法策略，初步感知内容的有趣和语言的生动。

（四）制订计划，指导课外阅读

指导学生制订阅读计划。

表1-13 《十万个为什么》阅读计划表

《十万个为什么》阅读计划表					
时　间	阅读章节	我的问题	文中说明	我的思考	小组讨论记录
第一周					
第二周					
第三周					
第四周					

【设计意图】根据科普作品的特点来设计阅读记录单，为学生搭建课外阅读的脚手架，对后续阅读的过程和方法进行具体的规划和指导，以此推动学生持续而深入地阅读。

模块二　读中推进课（1课时）

一、学习目标

1.指导学生体会作品的科学性和文艺性相结合的特点。

2.品读精彩文段，了解作品特点。

二、学习过程

（一）米·伊林的《十万个为什么》与一般科普作品的不同处

他的讲述娓娓动听，让我们读起来津津有味。他给内容施了什么"魔法"呢？你们发现了吗？先进行小组讨论，再进行全班交流。

1.教师引导学生从以下3个方面交流：简明的叙述；有趣的故事；生动的语言。

2.补充名家评论。高士其爷爷如何评价这本书。（课件出示：内容丰富，文字生动，思想活泼，段落简短。）

【设计意图】引导学生发现文本表达的奥妙，从关注"写什么"到关注"怎么写"，体会作品的科学性和文艺性相结合的特点；品读精彩文段，补充名家对作品的评论，加深学生对作品表达特色的理解。

（二）反思评价

1.仿写书评。让学生进行小组讨论：你会向你的朋友推荐这本书吗？为什么？课件出示例子：本书的语言生动活泼，深入浅出，作者凭借生花的妙笔，逐一道破生活中的小秘密，让人印象深刻。随后让学生自由书写，写完后进行全班交流。

2.补充资料。《十万个为什么》写于1927年，90多年过去了，由于科学的发展，我们今天读他的作品，可能会发现一些不足之处。关于书中提出的问题，你知道有什么新的研究成果吗？先进行小组交流，再进行全班交流，教师趁机补充近现代的科普知识。

【设计意图】通过写书评及补充近现代的科普知识，引导学生对整本书的内容及写法进行思辨性认识，培养学生的批判性思维能力。

（三）拓展阅读

1.推荐阅读中国版的《十万个为什么》。介绍《十万个为什么》的写作背景，简介其内容。课件出示《十万个为什么》节选内容，展示精彩片段。

2.学生自主选择阅读书目，按学生所选书目，成立读书小组。

3.进行方法的指导，课件出示相关资料，帮助学生理解。要求学生写批注和读书笔记、制作一份科普小报、读完后，演一演其中的故事。

4.制订小组读书计划。

【设计意图】激发学生持续阅读的兴趣，引导学生从"这一本"走向"这一类"。采用思维导图、试题设计等形式，整体规划、设计选读书目的阅读过程、方法以及交流方式，真正实现课外阅读量的增加和阅读能力的质的飞跃。

模块三　读后分享课（1课时）

一、学习目标

1.学会运用思维导图对文章结构进行梳理。

2.能够对读书的过程、方法及成果进行多元评价。

二、学习过程

（一）梳理结构，统整信息

1.运用思维导图，梳理结构。

学生自主绘制选读书目的思维导图，可以绘制整本书的，也可以绘制某个章节的。在班级内展示、交流，对照思维导图介绍所选书目或章节的主要内容。

2.交流读书方法。

3.分享读书成果。先在小组内交流，推选出优秀成果，然后在全班进行展示。

【设计意图】以小组为单位，开展阅读、思维、表达等多元的语文实践活动，展示读书的过程与方法，有创意地分享、交流阅读成果，让学生养成良好的阅读习惯。

（二）多元评价，持续阅读

1.课件出示阅读评价表。师生评议：评价各小组阅读情况，评选"优秀读书小组"。小组评议：组内评价个人阅读情况，推选"阅读之星"。

2.课件出示名言，学生齐读。

【设计意图】对读书的过程、方法及成果进行多元评价，引导学生发现新的阅读方向，找到阅读能力的提高点，杜绝课外阅读泛化、虚化的不良倾向。

第三部分　语文实践活动设计

模块一　阅读鉴赏（1课时）

一、学习目标

1.通过实践活动感受科普知识的有趣，培养科学探索的热情。

2.通过走进科普世界，分享科普知识，积累语言，发展语言。

二、活动过程

活动一：老师逐一出示问题，各小组抢答。（课件出示：学生轮流每人提出一个问题，全班同学抢答。）

活动二：米·伊林给我们出了多个"谜语"，你们知道这些"谜语"的谜底吗？猜谜游戏：老师出示谜语，各读书小组抢答。出示课件：炉子烧着了，却没有火焰；空气从哪里进去，烟就从哪里出来。

活动三：老师创设"旅行站点"，学生扮演米·伊林。站在他家的水龙头前，他开始思考有关水的问题。（学生提问：水为什么能灭火？人们为什么用水来洗涤？）扮演米·伊林的学生走到他家的炉子旁，思考有关火的问题（学生提问）。他家的餐桌，让他想到了许多问题（学生提问）。他家的厨房，又让他想到了许多问题（学生提问）。他家的碗柜和衣柜，也让他想到了许多问题（学生提问）。

活动四：课件出示炉子的图片，老师进行讲述；课件出示镜子的图片，老师进行讲述。

【设计意图】依据科普作品的文体特点，开展丰富多彩的游戏活动，引导学生兴趣盎然地交流读书收获，丰富阅读体验，感受阅读的快乐。

模块二　梳理探究（1课时）

一、学习目标

1. 分享科普作品阅读成果，交流彼此的感受、见解和看法。
2. 通过创编科普剧，加深学生对科普知识的理解，提高科普阅读兴趣。

二、活动过程

制作作家名片；配乐诵读精彩片段；看图讲述书中故事；实验演示科学原理；小品表演某个章节；展示优秀读后感；展示科普手抄报；展示优秀读书笔记。笔记可以是读书记录单，也可以是在书中写的批注。

模块三　表达交流（1课时）

一、学习目标

通过进行表演或"我演你猜"等活动，深化描写人物的基本方法，从而培养学生的想象力、创造力、表演力和合作力。

二、活动过程

开展科普剧本大赛。学生自编、自导、自演科普剧，突出科普主题。参赛剧名自拟。鼓励原创剧本，创作好之后提交剧本，然后排练、展演，进行评比。

科技馆研学或播放科技相关影片。

【设计意图】开展多元的语文实践活动，采用多种形式交流学习成果。同时可以选择到科技馆研学或是播放科技相关影片，让学生持续保持对科学的热情和兴趣，爱好阅读科普性的阅读。

感受诗歌魅力，轻叩诗歌大门

——统编版四下第3单元整体教学设计

赵亚苹

【设计理念】

继三年级下册第3单元之后，在四年级下册第二次安排综合性学习活动，主题是"轻叩诗歌大门"，要求"根据需要收集资料，初步学习整理资料的方法"，这是对三年级下册综合性学习单元语文要素"收集传统节日的资料"的巩固和提升。本单元在教材呈现上，采用了"双线并进"的编排策略，一边是以普通单元的形式编排了几篇独立的课文，分别是精读课文《短诗三首》《绿》《白桦》，略读课文《在天晴了的时候》以及"语文园地"内容；以人文主题和语文要素双线组织单元结构，将语文要素进行系统编排，加强了阅读、习作、口语交际等板块之间的联系，表达了"重视语文素养，重建语文知识体系，阅读与表达并重"的追求，在单元设计上有了很大的突破。

【内容简介】

本单元课文主要是围绕"走进诗歌，体会诗歌的情感"这个专题进行编排的。主要由《短诗三首》《绿》《白桦》和《在天晴了的时候》4首诗歌组成。本单元以生动优美的语言，描绘了不同的意境，目的是引导学生感受诗歌的魅力，了解诗歌的特点，学会用诗歌表达自己的感受和情感。与一般单元相比较，本单元在内容编排上呈现出两点独特之处：1.以单元整组编排的形式选了中外不同作家、不同风格的4篇现代诗歌作品，有冰心的三首短诗、艾青的《绿》、苏联诗人叶赛宁的《白桦》和戴望舒的《在天晴了的时候》。以单元整组编排的形式呈现，旨在引导学生走进丰富多彩的诗歌世界，初步了解现代诗的一些特点，体会诗歌的情感。2.综合性学习活动依托课文学习展开，与阅读教学同步推进，分为三个阶段进行：（1）启动阶段：学完《短诗三首》后，学生从多种途径收集喜欢的诗歌，做一个摘抄本；（2）推进阶段：学完《白桦》后，学生试着写写诗，表达出自己的感受；（3）成果展示阶段：四篇课文学完后，安排一次专门的"综合性学习"，学生进一步根据需要整理资料，并通过合作编诗集、办诗歌朗诵会等方式展示收集和整理资料的成果。本单元没有安排专门的"习作"，学生在综合性学习活动中创作诗歌，就是完成了一次习作。

【单元目标】

一、核心目标

通过阅读现代诗歌，借助关键词句，体会诗人的情感和诗歌的韵味，初步体会现代诗的一些特点并尝试创作现代诗。

二、常规目标

1. 认识 29 个生字，会写 23 个生字，会写 17 个词语。

2. 能通过朗读，体会诗歌的韵味。背诵指定课文。

3. 体会诗人的情感和诗歌的韵味，初步体会现代诗的一些特点。

4. 能多途径收集现代诗，尝试创作现代诗，并与同学交流。

5. 对自己收集或创作的现代诗进行分类整理，与同学合作编写小诗集。

6. 举办班级诗歌朗诵会，能用合适的语气朗读，表情、体态自然大方。

【教学设计】

第一部分　认识诗歌

模块一　阅读体验（1 课时）

一、学习目标

通过联结经验、交流话题等方式，唤醒学生诗歌的相关体验，激发他们主动阅读、欣赏诗歌的意愿，以及乐于用诗歌的形式表达情感的愿望。

二、学习过程

（一）联系经验，走近诗歌

1.创设情境，单元导入。

导语：诗歌作为一种古老的文学体裁，叩击着一代又一代人的心灵，华夏民族的诗歌起源最早可追溯到上古时期，那时候受地域影响，信息闭塞，聪慧的劳动人民就将写好的语言编成歌，口耳相传，流传至今。今天，让我们一起"轻叩诗歌的大门"，用善于发现美的眼睛看世界吧。

播放课文录音视频，倾听诗歌。

出示自学提示。学生紧扣学习提示，以"找到自己喜欢的诗句，和同学交流读后感受"这一目标自读自悟，交流分享。结合相关语句分享阅读感受时，可以引导学生运用之前所学的方法，如想象画面、联系上下文等，将自己的感受进行具体描述。再将朗读与感悟有机结合，在反复朗读的基础上，尝试理解和体会诗歌的情感。

2.带入情境，唤醒经验。

导语：我们每天早晨都会通过吟诵古诗和国学经典名句开启一天的学习生活。入学四年来，每天的晨诵时间，我们都在用优美的诗句和想象的场景欣赏这个世界，你现在能回忆起之前我们读过的诗歌吗？（一名学生诵读学过的诗歌。）

（二）交流话题，开启课程

话题一：说说自己熟悉的古代诗人。

预设：李白、杜甫、白居易、王维、王之涣等。

老师引导：介绍诗人相关信息和代表作品等。

话题二：联结"语文园地"的"识字加油站"，说说自己熟悉的诗人以及他的作品。

预设：回忆相关诗人及其代表作或学习过的作者的相关作品。并适当补充其他诗人及作品。

（三）作业设置

搜集一些自己喜欢的诗歌，重点推荐搜集一些和本单元诗歌形式相似的诗歌。

模块二　对比感知（1课时）

一、学习目标

1.在交流反馈中，感知现代诗歌形式。

2.激发学生阅读现代诗歌兴趣。

二、学习过程

（一）作业反馈，交流自己喜欢的诗歌，并说明理由

学生采用自己喜欢的方式展示自己搜集的内容。可以朗读、朗诵、介绍诗歌背景等。

（二）针对反馈，介绍重点布置，搜集诗歌情况

出示表格，说说自己熟悉的诗歌和作者。

表 1-14　诗歌与作者

诗　歌	作　者	体　会
《明天要远足》	方素珍	
《一个接一个》	金子美玲	
《怎么都快乐》	任溶溶	
《夜色》	柯　岩	
《彩色的梦》	高洪波	
《听听，秋的声音》	毕国瑛	
《童年的水墨画》	张继楼	
《秋晚的江上》	刘大白	

说一说自己喜欢哪位作者的诗歌作品，对其中的哪个片段或诗句感兴趣或者有所体会。

（三）观察比较，初步感知区别

尝试将古诗词和现代诗放在一起比较，说说自己的发现。

老师引导学生从诗歌形式、句式、语言等方面交流看法。

教学中仅仅要求学生"初步了解",不对诗歌中的意象做过度解读,不对诗歌的表现手法做过多探究,不对诗歌的知识做过度拓展,不对语言的表达做过多分析,尽量贴近四年级学生的鉴赏水平,通过朗读、倾听、交流感悟的方式感受。

第二部分　体会诗歌

模块一　赏析诗歌,体会情感（3课时）

一、学习目标

1.能正确、流利、有感情地朗读现代诗,能结合自己的观察和体验,通过想象和联想,感悟诗歌中的优美语言和形象,体会诗歌表达的情感。

2.能通过多种途径阅读、收集、积累更多的诗歌,能结合自己的生活体验,通过联想和想象感受诗歌的表现力,能用口头或书面方式表达自己的阅读感受。

二、学习过程

课时 1

（一）朗读体会,整体感知

1.学生自主阅读欣赏《短诗三首》《绿》《白桦》和《在天晴了的时候》。

2.教师组织指名朗读、重点段落朗读等多种形式的朗读活动,引导学生把诗歌读正确,读流利,读出节奏韵律感。

（二）重点感悟,体会情感

朗读《繁星（七一）》《繁星（一三一）》,想一想诗人回忆了怎样的情景? 又唤起你怎样的记忆? 营造了怎样的具体情境? 说一说这样的回忆体现了诗人怎样的情感?

学生结合诗句交流自己的体会。

在《繁星（一五九）》中,诗人把自己比作什么,并由此想到了什么? 展开联想和想象,结合自己的生活体验,谈一谈阅读感受。

（三）作业布置

朗读《短诗三首》并背诵；拓展阅读《繁星·春水》。

课时 2

（一）引导想象，体会情感

引导学生边读边想象诗人描写的画面、情景，在关键词句旁批注自己的感受或想法，体会诗歌表达的情感。

1.艾青的《绿》给我们留下了很多想象空间，你都想象到哪些事物？

2.叶赛宁的《白桦》用哪些词语描述这棵白桦，说说给你留下了怎样的印象？

（二）组织交流，分享感受

分享对诗歌的感受或想法，引导学会以具体的诗句为依据，结合经验把自己的发现、感受或想法说清楚。

《绿》借助"倒翻"和"到处"写出绿的广度；借助"风雨"等没有颜色的事物，体现绿的生机；借助"所有的绿随风起舞的景象"体现绿所蕴含的生机与活力，感受作者对美好世界的热爱与赞美。

《白桦》借助"洁白的流苏、晶亮的雪花、白雪皑皑的树枝、银色的光华"等词语及书中插图，感受雪中白桦的形态美；再借助"姗姗来迟的朝霞、灿灿的金晖"等词语，感受白桦在朝霞里光泽变化的美，从而感受其高洁、挺拔的形象特征。

（三）拓展阅读，体验不同

1.阅读链接：宗璞《西湖漫笔》中的"绿"。

读一读，对比两种"绿"描写的不同感觉，小组交流。

2.体验诗歌的空间感和散文的写实感。

课时 3

（一）自主练读，读出韵味

1.自由阅读《在天晴了的时候》。要求读出诗歌的节奏和韵律。

2.分组阅读，进行朗读展示及同学评读。

（二）自主感悟，互动交流

1.找出自己喜欢的诗句，和同学交流读后感受。

2.交流：作者依次描写了雨后的小路、小草、小白菊等景物，这些景物突出和强调了诗人怎样的情感？

（三）总结概况诗歌的特点

1.结合前面学习的几首诗歌，体会现代诗歌有怎样的共同特点？小组交流。

2.共同归纳提炼：现代诗歌的共同点有：

第一，高度集中、概括地反映生活。

第二，抒情言志，饱含丰富的思想感情。

第三，丰富的想象、联想和幻想。

第四，语言具有音乐美。

（四）课后作业

收集自己感兴趣的诗歌。

模块二 收集诗歌，感受魅力（2课时）

一、学习目标

1.产生积累诗歌的兴趣，能够多渠道收集喜欢的诗歌并摘抄。

2.了解摘抄诗歌的格式，完成规定摘抄任务。

二、学习过程

课时 1

（一）谈话激趣，出示范例

1.出示搜集的诗集封面，明确任务：做属于自己的诗集。

2.出示教师诗集摘抄本并展示，结合摘抄内容进行相应的摘抄提示。

收集路径：报纸、杂志、书籍、网络等。

摘抄原则：自己喜欢的诗歌。

摘抄范围：尽量广泛、类型多样、作者丰富（中、外）。

摘抄要求：写清作者及出处。

3.提供更多的教学资源，如《繁星·春水》《向着明亮那方》《妹妹的红雨鞋》《阁楼上的光》《写给孩子们的诗》等书籍。

（二）动手练习，布置任务

1. 为喜欢的诗歌找一个"家"。

用准备好的卡纸摘抄《短诗三首》中的一首。

2. 展示摘抄，互相评价

要求：格式正确、字迹工整。

（三）课后延伸，布置作业

1. 利用每周五晨诵时间，摘抄一首现代诗。

2. 互相交换诗歌摘抄本，分享交流想法。

课时 2

（一）激趣分享

结合本单元学习的诗歌，总结这些诗歌展现的美好画面和蕴含的丰富情感。

（二）朗读展示

1. 小组内展示。

2. 小组推荐，用朗读方式分享自己摘抄的诗歌，并说一说自己喜欢的理由；教师相机点评，重点点评摘抄书写、格式、朗读等。

（三）总结提升

以后摘抄中，需要改进和调整什么？

预设：格式更美观；收集渠道更多；收集类型更丰富。

（四）布置作业

学生在课后摘抄自己喜欢的诗歌。

第三部分　创作分享

模块一　创作诗歌，表达情感（1 课时）

一、学习目标

体会诗歌的语言特点，尝试写一首诗歌，表达自己的情感，并和同学交流。

二、学习过程

（一）回顾单元，尝试写诗

回顾本单元课文，想象画面，体会诗歌的韵味，激发学生创作兴趣。

仿照示例，用诗的形式表达自己的想法或感受。

（二）尝试当个"小诗人"，创作一首诗歌

1. 布置写诗任务：

结合诗歌的特点和自己的理解写一首诗歌，表达自己的真情实感。

也可仿写自己摘抄的诗歌，感受诗歌的情感。

写后自己读并适当修改，努力做到语句通顺，表达真情实感。

2. 独立创作或仿写，教师巡视并个别指导。

（三）展示交流，师生评价

1. 对于同学们展示的诗歌，你喜欢哪首？你觉得这首诗有什么你喜欢的地方？

2. 采访作者，谈一谈对大家评价的看法。

（四）布置作业

继续积累，并在积累的过程中加深对诗歌的认识。

模块二　开展活动，诗意生活（2课时）

一、学习目标

能结合自己的阅读体验，梳理、总结现代诗歌的特点；能通过合作编诗集、举办诗歌朗诵会等形式，享受诗意生活。

二、学习过程

课时 1

（一）合作编写，合理分工

1. 把自己收集的诗和自己写的诗，按照一定顺序编排，如从诗人、内容、形式等角度，给诗歌分类。

2. 编写诗集，还需要考虑哪些因素？

预设：为诗歌配上独一无二的插图；为诗集设计封面封底；取个诗意的

书名等。

小组合作、分工，对自己和同学收集或所写的现代诗分类整理，完善诗集。

（二）分组讨论，商议完善

1.按拟编诗集的主题自由组合。分组后，从编排内容和编排形式两个方面讨论本组的小诗集框架，然后再商议如何操作。要对收集的现代诗进行分类整理。

2.合作商议小诗集的编排内容、形式及任务分工。可以设计一张任务分工表，边讨论边记录，以明确后续的具体任务。

（三）展示成果，评价反馈

1.组织介绍本组分工及完成情况。

2.展示各组成果。分工合作，用合适的语气朗读诗歌，表情、体态自然大方。

3.评价各组合编诗集优点和需要改进的地方。

课时 2

（一）组织实施

1.提前准备节目。各组商定朗诵形式及相关音乐、背景等。

2.彩排展示作品，请教指导。

（二）激励评比

1.教师点评，重点针对朗诵效果和形式等，如语气是否恰当，表情、体态是否自然大方，以进一步提升学生的朗诵及欣赏水平。

2.点评要点：朗读篇目选择；朗读形式选择；朗读要求体现。

3.学生互评，提出听后感受。

（三）评价总结

1.以班级或年级为单位，由学生自行策划、组织，教师逐项进行点评。

教师角度：可以从参与活动的兴趣与热情、资料收集的质量、小组合作学习的效率角度总结。

学生角度：可以从自己的学习收获、克服困难的过程、与同学合作的感受等角度总结。

2.设立相关奖项，组织评选。

3.教师总结本次活动。

动物是我们的朋友

——统编版四下第4单元整体教学设计

邓跃男

【设计理念】

部编版语文四年级下册第4单元介绍了我们生活中的几种动物朋友，围绕"动物是我们的朋友"这一人文主题，编入了老舍的《猫》《母鸡》和丰子恺的《白鹅》三篇文章。三篇课文承担着不同的任务，但表达了同样的情感——对动物的喜爱和赞美。教师使用统编教材要以语文要素为引领，树立整体教学观，掌握单元文本的内在联系，明确每节课的教学重难点。

部编版教材各单元语文要素环环相扣，本单元的语文要素是"体会作家是如何表达对动物的感情的"，延续了第1单元"初步体会文章表达的思想感情"和第3单元"初步了解现代诗的一些特点，体会诗歌的情感"的思路，基于单元课文的学习和学习要素的定位，进一步促进了学生语言素养的发展。

本单元的习作要求是"写自己喜欢的动物，试着写出特点"。教师为之设计了"我读你画"等学习活动，试图通过朗读、表演、感悟、评价、习作等方式提高学生的鉴赏、阅读、表达等能力。

【内容简介】

《猫》的作者是老舍，他在文中细致生动地描述了猫在不同时期的形象和性格，表达了自己对猫的无限喜爱之情。《母鸡》是老舍的又一篇力作，他以对母鸡的感情变化为线索，描写了母鸡的负责、慈爱、勇敢和辛苦，塑造了一个丰满的鸡母亲形象，表达了对母爱的赞颂之情。《白鹅》的作者是丰子恺，他从叫声、步态、吃相等方面写出了白鹅的特点——高傲，运用一系列反语，表现白鹅的性格。

　　在两位作家的笔下，性格古怪的猫、慈爱尽职的母鸡、严肃高傲的白鹅，无不性格鲜明，可爱可亲。此外，《猫》和《白鹅》文后的阅读链接列举了一些中外名家描写动物的文章或片段。学生可进行比较阅读，体会不同作家对动物的喜爱之情。

　　教材中的"课后练习""语文园地"等版块巧妙地渗透了写作方法的指导。在"课后练习"中，《猫》一课要求举例说说可以从哪些地方看出作者非常喜欢猫。《母鸡》一课，引导比较同一作家写不同动物时，表达上的相同与不同之处。《白鹅》一课要求体会作者是如何把高傲写清楚的。在"语文园地"中，也用课文和生活中的例子，介绍了明贬实褒的表达方法。另外，《猫》一课链接了夏丏尊和周而复写猫的片段，引导学生体会不同作家对猫的喜爱之情，《白鹅》一课链接了俄国作家叶·诺索夫的《白公鹅》，要求说说两位作家笔下的鹅有什么共同点，体会两篇文章表达上的相似之处。这样的安排也进一步落实了本单元的语文要素。"交流平台"则主要分析了"明贬实褒表现动物的特点"这种语言风格，帮助学生联系以往的学习经验，梳理、总结趣味语言的基本特点。教材意在引导学生体会趣味语言的表达效果，为撰写单元习作做好准备。

　　通过之前的学习，学生基本了解到应从以下几个方面描写动物：外形特点、生长繁殖、生活习性、活动情况、生存环境、与人之间发生的趣事。教师引导学生选择典型事例，通过描写动物的外形、动作、神态等具体表现出动物的特点，运用生活化或者幽默风趣的语言，可以明贬实褒，也可以先抑后扬，并融入自己或喜爱，或依恋，或憎恨的感情。

　　结合本单元教学内容，教师推荐学生阅读《狼王梦》，进一步体会表情达意的写作方法。

【单元目标】

一、核心目标

　　学生学会默读课文，读出作者对动物的喜爱之情，体会作者是如何运用趣味语言表达对动物的喜爱之情的，巧妙引导学生描写自己喜爱的动物，写出它的特点。

二、常规目标

1. 随文学习生字、词语。认识"虑、职、撮、嚣"等 29 个生字，读准"折"等 4 个多音字，会写"跤、搂、浆、博"等 44 个生字。会写"闭息凝视、尽职尽责、三眼一板"等 48 个词语，理解"闭息凝视、扬长而去、三板一眼"等词语的含义。

2. 学会默读课文，读出作者对动物的喜爱之情。

3. 体会作者是如何通过趣味语言表达对动物的喜爱之情的。

4. 引导学生描写自己喜爱的动物，要写出它的特点。

5. 能交流、总结写动物的基本方法；试着用学过的方法描写一个自己最喜爱的动物；能写出动物特点。

本单元教学设计从教科书教学、语文实践活动、整本书阅读教学三个方面展开。通过品读、自读、感悟，学习作家是如何表达对动物的感情的。通过阅读感悟、交流、习作，学习并运用描写动物的基本方法，具体地刻画一个自己喜爱的动物朋友。梳理单元内容，整合本单元语文要素，使学生从整体上把握单元脉络。在构建课内外联系的过程中，阅读整本《狼王梦》并开展语文实践活动，进一步落实语文要素。

【教学设计】

第一部分　教科书教学设计

模块一　阅读理解（2 课时）

一、学习目标

1. 读课文，走近作者笔下一个个鲜活的动物形象，能结合文中描写动物的语句，感悟其鲜明的特点。

2. 体会作者是如何运用趣味语言，表达对动物的喜爱之情的。

3. 鼓励学生探索语言大师的语言风格，提升描写动物的能力。

二、学习过程

课时 1

（一）感知单元整体

1.通过课前预习，请你猜一猜这些动物朋友是哪位大作家的座上宾呢？

预设：可爱的猫、鸡妈妈带领小鸡找食儿、白鹅、忠实的狗。

2.这些动物朋友都有什么特点呢？

3.我们先看看本单元的导语，再看看课文，想想你的猜测对吗？（板书课题——动物朋友，齐读。）

（二）理解课文，感受形象

1.听写词语（第一类是描写动物特点的词，第二类是描写作者感受的词），对书订正。

2.从书中找词语出现的句子读读，想一想，初步感受作家描写动物朋友的写作特点。

3.认真阅读课文，找出描写动物以及作者感受的句子画下来，揣摩与以往读过的描写动物文章的异同，在书上做批注。

4.学生交流，组组补充。

5.试着做思维导图，突出动物特点及作者感受。

```
          ┌  猫：     动作描写      古怪      淘气可爱
          │
          │  母 鸡：   先抑后扬    负责 慈爱 勇敢 辛苦
          │
   动物  ─┤  白 鹅：   明贬实褒      高傲
          │
          │  白公鹅：  动作、外形描写  高傲
          │
          │  ……
          │
          └  运用生活化或幽默风趣的语言抒情
```

（三）梳理重点与作业设计

梳理重点：梳理课上提到的描写动物的方法，抓主要特点进行分析。

作业设计：从这几个动物朋友中任选一个喜欢的细致分析，说自己喜欢的理由。

课时2

（一）作业反馈，交流自己喜欢的一个动物，并说明理由

1.学生用自己喜欢的方式展示自己的作业。

2.交流评价，说说自己听完后的感受。

（二）引导学生进行动物漫画创作，为描写自己的动物朋友做准备

学生分组合作完成漫画合集：

1.根据喜好分组。

2.喜好相同的人负责一部分内容，组员分工合作画动物漫画，要求突出动物特点，可以适当添加文字说明。

3.把每组的作品贴到黑板上，串联成描写动物的基本方法的结构图，形成数据链。

（三）交流收获及布置作业

1.总结本节课的收获。

2.布置作业：

以组为单位，收集动物漫画以备展览。

"词句段运用"中的仿写练习以及《猫》一课的小练笔。

模块二 梳理探究（1课时）

一、学习目标

1.梳理描写动物的基本方法。

2.激发学生阅读名家作品的兴趣。

二、学习过程

（一）结合课后阅读链接，发现描写动物的基本方法

1.《猫》课后阅读链接：仔细阅读夏丏尊的《猫》片段，结合老舍先生《猫》中的语句，体会表达效果的异同。

举例交流中可以发现，只有长时间的细致观察而且饱含喜爱之情才会把猫的外形、性格描写得如此惟妙惟肖，而且语言风趣，宠溺之情跃然纸上，真的把它当作了朋友、知己。

2.《白鹅》课后阅读链接：画出《白公鹅》中描写白公鹅的语句，对比其与课文的区别。

学生在交流中发现，作家熟练运用修辞，采用反语，幽默地表达了鹅的"铮铮傲骨"。

（二）结合"交流平台"，梳理具体表现动物特点的基本方法

1.阅读"交流平台"的内容，感悟明贬实褒会使文章读起来风趣幽默，突出动物的可爱。

2.你原来阅读的文章中会用到这些方法吗？推荐同学们阅读梁实秋先生的《白猫王子》。作者围绕白猫的外形、生活习性、姿势进行描述，字里行间表达了梁实秋对白猫的喜爱之情，有兴趣的同学还可以读读《猫斗》，语言描写极富有画面感。

（三）自主阅读，感悟写作特点

1.通过阅读，你发现了什么？

2.课堂总结与作业布置：

课堂总结：回顾课堂收获，梳理描写动物的方法。

作业布置：阅读更多作家笔下的动物故事。

模块三　表达交流（2课时）

一、学习目标

1.回顾描写动物的基本方法。

2.初步运用学到的描写动物的方法，尝试写写自己熟悉的动物，突出其特点。

3.能够修改自己的习作，使习作语句通顺，文风风趣幽默，能恰当运用反语、修辞。

4.在充分而细致的观察的基础上，交流自己喜欢的动物。

二、学习过程

课时 1

（一）复习巩固动物特点的方法

1.本单元课文中的动物朋友各有什么特点？令你印象深刻的地方有哪些？你感悟到了什么？

2.学生交流。

学生抓住"唠家常"式的风趣幽默的语句交流，凸显小动物的特点及作者的感受。

（二）交流学习，掌握方法

1.读自己的圈画批注，修改自己的笔记。

2.借助批注感受作家用墨的巧妙。

（三）指导学生修改"课后仿写"和"词句段"中的练笔

1.出示要求。

仿写时，学习老舍先生生活化的"唠家常"式的文风，运用一些语气助词，例如"吧，呀，呢"，表现作者对小动物的宠爱之情。

运用连续的动作描写，突出动物的特点，使用好冒号。

2.讲评明确标准。

3.学生自己修改。

（四）习作指导

1.读习作提示，明确要求。

选择或创设一个情景。

选择自己熟悉的动物。

运用本单元学过的描写动物的方法，突出特点。

2.自己选择场景，根据具体的场景确定哪些地方需要重点用墨，同桌交流。

3.全班交流。

（五）梳理实际获得及作业布置

1.总结本节课的收获。

2.布置作业：完成习作。

课时 2

（一）交流习作

1.学生习作赏析。

教师组织学生赏析习作，指出优缺点，并说出改进措施。

2.小组交流。

（二）习作修改

1.学生根据大家的修改建议修改自己的习作。

2.同桌互相修改。

（三）展示

小组推选优秀习作展览。

第二部分　读整本书教学设计——《狼王梦》

模块一　阅读鉴赏（1课时）

一、学习目标

1.通过导读，激发学生阅读《狼王梦》的兴趣。

2.通过阅读了解本书的主要内容，主要人物，感受到母狼紫岚独特的母亲形象，从而理解父母的严厉中渗透着的深沉博大的爱。

二、学习过程

（一）激发阅读兴趣

同学们，动物世界充满了灵气，充满了智慧，这些生灵为我们打开了另一扇大门，我们共同阅读了作家沈石溪写的《狼王梦》，同学们一定从书中感受到了动物世界那令人动容的感情，和紫岚一起哭，一起笑，一起成长。

（二）初读目录，交流收获

1.看目录，你了解到哪些信息？

2.目录中你最喜欢哪个人物，哪个章节？

3.你打算怎么阅读？

（三）聚焦主要角色、主要情节

我们一起阅读《狼王梦》第二章"培养黑仔"。

故事情节扣人心弦，静心阅读，圈画下自己喜欢的语句。

（四）初步感悟狼妈式教育

1. 故事中的很多地方令人印象深刻，分享你圈画的内容，并说说理由。

2. 同学交流章节：

紫岚靠着要把自己的孩子培养成狼王的信念活着。为了把黑仔培养成狼王，除了给它最充足的乳汁，在爱子半岁的时候，想尽办法把它赶到丛林中去捕猎，当黑仔惨死后，伤心的妈妈没资格沉浸在悲痛中，又开始培养下一个孩子——蓝魂儿。

在一次争斗中，蓝魂儿打不过高大的黄猳，眼看就要头破血流，就将求救的眼光投向紫岚，妈妈并不理会它，它要让蓝魂儿懂得弱肉强食的原则，当蓝魂儿靠自己抢到了牛腰后，紫岚很满意他的行动，又奖励给它半条羊腿，当蓝魂儿不幸踩上了猎人的猎夹，它凄厉嚎叫，紫岚想尽了办法，哪怕满嘴鲜血也救不出自己的孩子，为了维护狼的尊严，它狠狠心，一口咬断了蓝魂儿的喉管，又拼命咬断它的腰肢，然后无比悲哀地拖着断成两截的蓝魂儿的尸体，逃回深山，此时，我们感受到狼性的母爱。

模块二 阅读感悟（1课时）

一、学习目标

1. 阅读文中的动人情节，进一步感悟不一样的母亲形象。

2. 品语言，感悟书中独特的语言风格和真挚的情感。

二、学习过程

（一）回放精彩瞬间

1. 同学们，我们已经读完《狼王梦》这本书了，你能把自己最喜欢的地方读出来吗？

2.（出示相关语句）这些精彩的语句，让你想到了什么？

3. 联系自己的生活实际，说说自己的想法。

（二）分享交流

1.失去了伴侣的狼妈妈紫岚在与猎狗的厮杀搏斗中艰难产下了五只小狼崽，紫岚为了把其中的三只公狼崽培育成狼王，付出了惨重的代价，是位坚强的妈妈。

2.狼妈狠心培养蓝魂儿，即使孩子遍体鳞伤也不会施以援手，为了不让孩子受猎人们的折磨和屈辱，维护"狼道"的尊严，一口咬断孩子的喉管，无论如何也要留全尸。这段作者写得极其细腻，打动人心，妈妈的伤心欲绝，狠心残酷的培养过程，孩子优秀时妈妈骄傲的神情，以及残酷的森林法则……

3.引导孩子把自己的感受批注在文中，也可以写在黑板上，想想你发现了什么。

预设：紫岚让我想起了自己的妈妈，有时候很不理解一些我认为很过分的要求，但现在想起来，知道都是因为她爱我，想让我更好。

（三）品读发现

请你结合我们本单元学的课文和你读的这本《狼王梦》，思考你发现了什么？

（四）总结升华

我们通过课内外阅读的很多有关动物的文章，感受到了动物世界真挚的感情，它们的情感纯粹，有时候甚至令我们汗颜，它们理应受到我们的尊重，我们应该善待它们，它们是我们的可以信赖朋友。另外，作家笔下可爱的动物还有很多，我们还要多阅读、多认识动物朋友。

第三部分　语文实践活动设计

模块一　阅读鉴赏（1课时）

一、学习目标

1.挑选作家笔下自己喜欢的动物形象，设计"我读你画"的漫画作品。

2.在设计"我读你画"漫画作品的过程中，进一步感悟习作要凸显的动物的特点。

二、活动过程

（一）寻找喜欢的动物形象

回顾这单元学的或自己课外阅读的，也可以是自己笔下的动物形象，选择喜欢的反复读，尤其关注能凸显动物特点的文字描写。

（二）设计"我读你画"的漫画

1. 教师请一位同学有感情地朗读文章，其他同学绘画。

绘画时注意：

可以是一幅，也可以是多幅。

漫画要凸显动物特点，可以艺术夸张。

如果有必要可以添加简单文字介绍。

2. 小组内合作完成。

3. 组内交流、评价、修改。

（三）展示交流

1. 小组内推荐优秀设计展示。

2. 全班同学评价。

（四）总结

通过这次活动，大家又深入了解了很多可爱的动物朋友，这都源于作家长期的细致观察，抓住了动物们的特点，并饱含感情地用风趣幽默的语言写了出来，再加上各位画家的二次创作，甚至题画诗，都为这次活动增色不少。大家设计的"我读你画"的漫画很好，可以编辑成漫画册。

模块二 展示交流（1课时）

一、学习目标

通过展示"我读你画"以及编漫画册的活动，深化学生对描写动物的方法的感知，从而培养学生的想象力、创造力、合作力。

二、活动过程

（一）课前准备

1. 要展示"我读你画"的漫画作品。

2.按作品内容，学生可以自由结合成小组。

（二）交流评价

1.同学展示自己的漫画，并进行说明。

2.自愿结合小组，编辑漫画册。

3.同学评价，发表建议。

4.选出优秀组，贴星鼓励。

（三）总结

通过这次活动，大家对动物朋友有了更深的了解！希望你们课下阅读更多作家的作品，相信你们会因认识这些纯洁、高尚的朋友而兴奋不已，如果那样，就动笔写下来吧，我会是你们最忠实的读者。

学习用游览的顺序写景物

——统编版四下第 5 单元整体教学设计

闫继凡

【设计理念】

本单元为习作单元，由"导语""精读课文（两篇）""交流平台""初试身手""习作例文（两篇）""习作"六部分构成，这些内容的安排都指向学生习作能力的培养。这样的安排旨在让学生借助精读课文学习"按一定顺序写景物"的方法，再通过"交流平台"对课文进行整合与梳理，"初试身手"让学生将习得的方法进行初步尝试，再通过习作例文继续体会写法，最后通过单元习作，将这个单元学到的方法进行迁移运用。体现了学习—整合梳理—实践—强化—迁移运用的发展过程。

本单元的语文要素是"了解课文按一定顺序写景物的方法"，习作要求是"学习按游览的顺序写景物"。本单元习作是对三年级和四年级上学期"通过观察描写一处景物、介绍一个景点"的习作的延伸，本次习作重点强调按照游览顺序写景物，并要求写好印象深的景物。

实际教学过程中，构建以学生主动学习为中心的学习过程，通过创设情境、引导学生观察自然等方式，激发学生的学习兴趣，培养他们留心观察身边景物的习惯，使得学生能够按照一定的顺序，有条理地写清楚景物，并感知大自然的神奇与美丽，从而提升他们的审美鉴赏、逻辑思维、语言表达能力。

【内容简介】

本单元围绕人文主题"妙笔写美景，巧手著奇观"和语文要素"了解课文按一定顺序写景物的方法"安排了两篇精读课文——《海上日出》和《记金华的双龙洞》，目的是通过阅读了解"文章按一定顺序写景物"的方法。《海上日出》按照太阳的变化，描绘了海上日出的壮观景象，课后习题重点引导学生体会按顺序写景物的表达效果。《记金华的双龙洞》按照作者的游览顺序依次介绍了洞口、外洞、孔隙、内洞，课后习题让学生补充完整游览顺序，从而学习按游览顺序写景的方法。尽管两篇课文描写的对象不同，但二者的教学目标都指向语文要素。

语文园地中的"交流平台"是对两篇精读课文的梳理与总结，提示学生在写游览过的一个地方时，可以按游览的顺序来写，可以把特别吸引你的景物作为重点来写，还可以按照景物变化的顺序来写。"初试身手"则要求学生按照一定的顺序说一说和写一写，意在使用学过的方法进行表达与交流的初步尝试。

"习作例文"提供了两篇范文——《颐和园》和《七月的天山》，帮助学生继续体会写法，为学生自己动笔奠定坚实的基础。其中，《颐和园》重在体会按作者游览地点的变化顺序写景，课后题提示学生关注起过渡作用的句子；《七月的天山》重在体会作者移步换景的方法，旁批暗示学生要将印象深刻的景物重点写。

单元习作是"游_____"，要求学生选择一个自己游览过的印象最深的地方，按照游览的顺序写写这个地方，并把游览的过程写清楚。

【单元目标】

一、核心目标

通过阅读了解课文内容，学习按一定顺序写景物的方法；能够按游览顺序写一个地方，并且能把印象深刻的景物作为重点，写出特点。

二、常规目标

1.认识"扩、刹、浙、簇"等9个生字，读准多音字"荷"，会写"扩、范、浙、罗"等24个字，会写"清净、扩大、杜鹃、气势"等24个词语。

2.通过阅读课文，了解作者描写景物的顺序，体会是怎么抓住景物的特点写清楚的。

3.能结合课文内容，梳理、交流按照游览顺序和景物变化顺序写景物的方法。

4.能按顺序说出游览路线；能按顺序介绍一处景物并写下来。

本单元教学设计从教科书教学、整本书阅读教学、语文实践活动教学三个方面展开。通过学习方法、自主交流、初步实践、迁移运用、完成习作等流程，学习按照游览顺序描写景物。在此基础上，选择《徐霞客游记》作为整本书阅读教学的材料，借此开展语文实践活动，将语文要素落到实处。

【教学设计】

第一部分　教科书教学设计

模块一　阅读鉴赏（2课时）

一、学习目标

1.读课文，初步体会单元中的两篇精读课文都是游记，都是记录作者在自己游览过程中的所见所感。

2.通过找出关键语句，能体会作者是按照一定的顺序来进行介绍的，其中《海上日出》是按照景物变化顺序来写的；《记金华的双龙洞》是按照游览顺序来写的。

3.通过"交流平台"的学习，完成对两篇精读课文的梳理与总结。

二、学习过程

课时1

（一）整体感知，揭示主题

1.利用多媒体展示图片，展示几幅包括自然景观、风景名胜的图片，让学生说一说他们看到了什么。

2.引导学生阅读单元导语中的内容，明确本单元的内容是围绕游记而展开的。

3.请学生来说一说，自己所理解的游记包含哪些内容，全班进行交流。教师对于学生交流不够充分和准确的地方，进行补充完善和纠正。

（二）阅读文本，初步把握

1.学生自主交流生字词书写中易出现的错误、文中易读错的字音、不易理解的词语，扫清阅读过程中的基本障碍。

2.学生阅读《海上日出》和《记金华的双龙洞》两篇课文，说一说两篇课文主要写了什么内容。

3.以小组为单位，讨论两篇课文的相同点和不同点，引导学生发现两篇课文都是按照一定的顺序来写的。

（三）回顾课堂，布置作业

1.总结回顾本节课所学的内容。

2.布置思考题：两篇课文具体是按照什么顺序写的？在文中画出关键语句。

课时 2

（一）思考反馈，深入交流

1.学生就上节课布置的思考题进行交流，通过关键语句明确《海上日出》是按照景物（太阳）变化的规律来写的。

2.通过引导学生抓住关键语句，反复朗读交流，明确《记金华的双龙洞》中作者重点写了"孔隙"的部分，突出了孔隙"窄小"的特点。

（二）深入文本，提炼方法

将两篇精读课文整合到一起，想一想两位作者分别是怎样把景物的特点写清楚的。

1.《海上日出》中作者从太阳的颜色、位置以及亮度三个方面的变化，写清了太阳从海上升起时的变化过程，从而让读者印象深刻。

2.《记金华的双龙洞》中作者重点写了"孔隙"的部分，从直接描写孔洞的具体的大小和间接描写自己的内心感受两个方面突出了孔隙的窄小，从而让人有身临其境之感。

（三）布置作业，总结提升

1.以小组为单位，结合课堂所学，梳理"交流平台"中的内容。

2.完成"初试身手"中的练习。

（1）根据提供的示意图，画出参观路线，再按顺序说一说。

（2）观察附近的一处景物，和同学交流看到了什么，再试着按一定的顺序写下来。

模块二 梳理探究（1课时）

一、学习目标

1. 梳理按一定顺序写景物的方法。

2. 初步激发学生的习作兴趣。

二、学习过程

（一）回顾总结，提炼感悟

同学们一起回忆前面学过的内容，可以按照游览的顺序来写游览过的一个地方，还可以在写作过程中突出重点景物。

（二）交流作品，互评互改

结合回忆到的方法，全班交流"初试身手"中的片段练习内容。

1. 全班同学分成不同的小组，先在小组内进行评价，然后推选出具有代表性的作品。

同学们讨论得出：可以运用过渡语句来衔接不同景点的转换；在介绍景物时，要做到有详有略，自己喜欢的或者是印象深刻的要作为重点来写。

2. 被推选出的作品在全班范围内展示，请同学们指出这些作品中的优点与不足，大家一起讨论。

3. 交流讨论之后，请同学们再次阅读自己的作品，自主进行修改。

模块三 表达交流（3课时）

一、学习目标

1. 了解习作例文中写景物的顺序，并按游览顺序写一个地方。

2. 习作时能把印象深刻的景物作为重点，写出特点。

3. 能与同伴交换习作，交流评改，并提出修改意见。

二、学习过程

课时 1

（一）初步感知习作例文

1.阅读习作例文《颐和园》，找出文中的过渡语句，体会作者是怎样把游览顺序写清楚的，并完成课后题中的游览路线图。

2.阅读习作例文《七月的天山》，学生思考：第二自然段中作者是按照怎样的观察顺序来介绍天山的山水的？

（二）订正答案，交流感知

1.《颐和园》中作者的游览路线是：长廊—万寿山—佛香阁—昆明湖，本文采用移步换景的方法，作者按照游览顺序写清了自己的参观过程。

2.在《七月的天山》第二自然段中，作者按照从高到低、由远及近的顺序来介绍天山的山水。

（三）自主交流

根据习作例文的学习，请同学们交流在自己完成习作的过程中还可以怎么来写。

1.运用诸如比喻、拟人、排比和反问等修辞手法，让习作内容更加精彩。

2.可以采用动静结合或者对比的写法，重点突出印象深刻的景物。

课时 2

（一）明确要求，梳理思路

1.审题阅读，熟悉习作要求。

此次习作是半命题式作文，要先把题目补充完整，然后选择一处自己游览过的、给自己留下深刻印象的地方。

2.整理习作思路。

写什么：确定自己此次的习作内容，既可以是自然景观，也可以是风景名胜。

怎么写：分别构思开头、中间和结尾部分各写什么。中间部分可以画出游览路线图，然后想一想重点写哪部分的景色。

（二）动笔书写，落实表达

在前面梳理思路的基础上，同学们按照要求完成习作，将自己的表达落实到纸上。

课时 3

（一）明确要点，尝试修改

1. 明确修改要求。

习作中是否存在书写错误、标点符号使用不当、语句不通顺等问题？

习作是否按照一定的顺序来完成？

习作是否抓住了景物的主要特点？

2. 自改与互改相结合。

向学生出示上述修改要求，学生先修改自己的习作，再采取同桌或者前后桌交换的方式修改他人习作。

（二）大胆分享，评价交流

1. 全班交流分享。

习作修改完善后，同学们自主推荐和朗读自己的习作。

2. 学生进行评价、交流。

有学生分享作品后，其他同学根据自己的记录，说一说所分享的作品存在的问题并提出解决的策略，又有何长处值得大家学习。

（三）公平讨论，进行推优

学生以小组为单位交换习作，大家讨论之后推选优秀作品进行展示。

第二部分 读整本书教学设计——《徐霞客游记》

模块一 阅读鉴赏（1课时）

一、学习目标

1. 通过导读，激发学生阅读《徐霞客游记》的兴趣。

2. 通过阅读此书，学生可以进一步了解国学经典作品。这本书既是科学著作，也是文学游记，学生也可以了解古人的游记的写法。

二、学习过程

（一）回忆梳理，触发新知

1. 梳理回忆本单元所学内容，明确单元内容的编排都是围绕"游记"这一主题展开的。

2. 向学生出示《徐霞客游记》中所提到的景观图片，激发学生的学习兴趣。

3. 介绍《徐霞客游记》的相关写作背景和写作内容。

（二）梳理目录，初步感知

1. 翻看目录，关于这本书，讨论自己的收获。

学生根据目录不难发现，题目都是"游×××记"，可见都是游记，记录的都是作者徐霞客在游历过程中的所见所感。

2. 交流阅读方法，讨论：面对这样一本书，内容如此之多，自己该如何阅读呢？

（三）小组合作，详细感受

1. 根据讨论，学生分成小组，每人挑选自己感兴趣的章节，做好读书笔记。

2. 完成阅读后，小组内讨论交流，从而完成整本书的阅读。

模块二　梳理探究（1课时）

一、学习目标

1. 结合注释，梳理本书中所记载的游览的地方。

2. 积累书中描写景色时所用到的优美语句。

二、学习过程

（一）交流分享，细节展示

1. 小组内推选出本组最感兴趣的两个地方，然后和全班同学进行分享。可以结合自己根据书上内容制作的思维导图、绘制的表格、完成的绘画等相关作品分享自己的读后感。

2.对于在读书过程中遇到的不懂处，或者是已经解决的问题，大家都可以进行讨论。对于古文中的相关知识，鼓励学生进一步查阅资料进行学习。

（二）品味语言，积累鉴赏

学生交流自己喜欢的语句或者是语段，说一说自己喜欢的理由，并且想一想在游记中这样写有何值得自己借鉴的地方。

（三）归纳总结，交流感受

阅读完整本书，全班进行反思、总结。

1.本书在写作结构、内容和情感表达三个方面中有哪些值得我们学习的地方？

2.此次阅读整本书的过程中，都运用到了哪些有价值的读书方法？哪些方法可以是在之后的阅读中继续沿用的？

模块三　表达交流（1课时）

一、学习目标

学生自主选择书中介绍过的一个地方，与同学们进行交流分享。

二、学习过程

（一）整理内容，制作卡片

每位同学挑选一个《徐霞客游记》中介绍过的、自己最喜欢的一个地方，根据书中的介绍，结合自己查阅的资料，可以发挥自己的想象，制作"游记系列"书签。

（二）展示成果，分享表达

完成书签的制作后，在班级内展示，同学们还可以互相交流自己设计的书签所代表的各种意义，讲一讲自己为何这样设计。

第三部分   语文实践活动设计

模块一   阅读鉴赏（1课时）

一、学习目标

1.鼓励学生利用前面学习到的方法，介绍自己游览过的地方，激发学生争当"小导游"的兴趣。

2.参考活动案例，学生制定出活动方案。

二、活动过程

（一）由情入境，开启学习

1.学生利用多媒体设备，出示图片、视频等，向大家展示自己此前游览过的地方，并说出自己游览时的感受。

2.揭示本次实践活动的主题——"我是小导游"。

（二）头脑风暴，集思广益

1.同学们以小组为单位创立"旅行团"，并设计团名、团徽等文化内容。

2.鼓励同学们积极讨论，在做小导游时，应该做哪些准备工作，可以从哪些方面介绍景点。

（三）参考案例，初步整理

1.向学生提供相关实践活动的案例，帮助学生梳理活动流程。

2.各个"旅行团"根据自己团内的实际情况，完成自己的初步规划。

模块二   梳理探究（1课时）

一、学习目标

1.整理活动方案，明确任务分工。

2.制作相关道具及多媒体素材。

二、活动过程

（一）细化方案，明确分工

1.各个"旅行团"细化原始旅行方案。

2.所有"旅行团"完成人员分工、任务分配等工作。

（二）制作道具，彩排预演

1.制作活动过程中需要的道具、视频作品等。

2.各个"旅行团"根据组内实际情况，自主完成活动预演。

模块三 表达交流（1课时）

一、学习目标

1.学生根据方案，推荐旅游景点。

2.鼓励学生积极交流，提升自我表达能力。

二、活动过程

（一）分享展示，交流成果

各个"旅行团"进行方案展示，并推选一名本团代表作为"小导游"，向大家介绍旅游景点。

（二）交流感受，活动评优

1.班级中同学根据各个"旅行团"展示的内容、展示过程中的能力体现进行评选。

2.大家交流此次实践活动的感受，并对活动的举办过程进行复盘，再次总结完成游记时需要注意的事项。

从成长故事里收获成长

——统编版四下第 6 单元整体教学设计

王友红

【设计理念】

四年级下册第 6 单元的人文主题是"深深浅浅的脚印，写满成长的故事"，围绕成长这一主题编排了《文言文二则》《小英雄雨来》《我们家的男子汉》《芦花鞋》四篇课文，展示了不同年代少年儿童成长的故事。本单元由"导语""精读课文（两篇）""略读课文（两篇）""口语交际""习作""语文园地"六部分构成。

本单元的语文要素是"学习把握长文章的主要内容"。单元的习作要求是"按一定顺序把事情的过程写清楚"。四年级上册提出"写一件事把事情写清楚""记一次游戏把游戏过程写清楚""写一件事能写出自己的感受"等要求。本次习作是对这三个要求的综合运用，既要按一定的顺序写，又要把事情的过程写清楚，还要写出学做这件事的体会。

在学习活动的过程中，要突出学生的主体地位，要注意对学生学习兴趣的培养，消除文章过长所带来的负面情绪。激发学生自主阅读的积极性，鼓励他们合作探究、交流展示。学习把握长文章的主要内容，重点指导学生运用默读、浏览等阅读方法，围绕学习任务或探究话题，从文中提取相关重要信息，联系上下文或自己的生活体验形成自己的理解，用列小标题的方式把握课文的主要内容。紧紧围绕这两个语文要素设计学习过程。逐步提升学生的阅读能力，通过文本体会不同时代儿童成长的故事，感受人物的特点与品质。关注学生的积累与表达，注重学生在课堂上的实践和交际。让学生在阅读课文、亲自感悟、合作交流中经历学习过程，获得学习体验，形成积累，善于表达。

【内容简介】

　　本单元围绕人文主题"成长"和语文要素"学习把握长文章的主要内容"安排:《文言文二则》赞美了古代少年勤勉学习、坚持不懈的求学精神;《小英雄雨来》课文长达 3000 余字,是全册教材中不多见的长文章,讲述了抗日战争时期雨来掩护李大叔的故事,塑造了一个机智勇敢的少年英雄形象;《我们家的男子汉》1500 多字,文章讲述了小男子汉从出生到四岁这段时间里的种种趣事,生动地展示了一个努力学会独立,敢于挑战自己的小男子汉形象;《芦花鞋》选自中国儿童文学作家曹文轩的作品《青铜葵花》,讲述的是"文化大革命"期间,五七干校已逝干部的女儿葵花被男孩青铜家领养后的故事。选文共 30 个自然段,描写了青铜到油麻地镇上去卖芦花鞋的故事,刻画了勤劳淳朴的少年形象。

　　本单元的口语交际话题是"朋友相处的秘诀",引导学生主动参与集体讨论,说出自己的看法,在分小组讨论意见中记录整合大家的意见,有条理地汇报、交流。"朋友相处的秘诀"这个话题契合了成长这一主题,学会相处是一个人成长的重要体现。从教材的具体要求来看也是学习怎样把长文章的主要内容在口语交际中落实的一个体现。

　　习作"我学会了_____"是半命题习作,"我学会了"是限定的内容,学会做什么事情是不限定的,学生可以根据自己的真实情况填写。话题贴近学生生活,同样契合了成长主题,学会做事是一个人成长的重要体现。本次习作要求学生对前面学过的习作方法进行综合运用,既要按一定顺序写,又要把事情的过程写清楚,还要写出学做这件事情的体会。

【单元目标】

一、核心目标

　　1.通过阅读学习把握长文章主要内容的方法。感受人物的美好品质。

　　2.能够按学习的顺序把自己学做事情的过程写清楚,能写出学习过程中遇到的困难或有趣的经历,把心情变化写下来。

二、常规目标

1.认识"恭、勤"等 37 个生字，读准多音字"塞、哇、吧、强、吭"，会写"晋、炕、胳、膊"等 24 个字，会写"铅笔、枪栓、劫难"等 13 个词语。

2.正确流利地朗读课文。

3.用较快的速度默读课文，了解长文章的主要内容。

4.感受人物的美好品质。

5.讨论、记录、整理阅读记录，有条理地汇报小组意见。

6.能按顺序把自己学做事情的经过写清楚，写出所遇到的困难，把心情的变化写下来。

本单元教学设计从教科书教学、整本书阅读教学、语文实践活动教学三个方面展开。通过品读课文、自主交流、初步实践、表达运用、完成习作等流程，学习把握长文章的主要内容。按一定顺序把自己学做的事情写清楚，写出学习过程中所遇到的困难或趣事，记录自己的心情。在此基础上构建课内外联系，选择阅读整本《青铜葵花》，借此开展语文实践活动，进一步落实语文要素。

【教学设计】

第一部分　教科书教学设计

模块一　阅读鉴赏（2 课时）

一、学习目标

1.结合单元导语内容，指导学生联系生活实际，说说自己"成长"中的事。

2.用较快的速度默读课文，了解长文章的主要内容。

3.培养学生探索语言、记录重要信息的能力，整理小组意见，做到有条理地汇报。

二、学习过程

课时 1

（一）整体感知，揭示主题

1.利用多媒体出示图片，展示几幅成语故事插图，体会含义。说一说自己"成长"中的一些事，全班一起交流。开启话题，激发学生的兴趣和期待。

2.引导学生阅读单元导语和课文，明确本单元的内容是围绕"成长"而展开的。

（二）阅读课文，初步把握

1.学生自主读文，交流生字词书写中易出现的错误、文中易读错的字音、不易理解的词语，扫清阅读过程中的基本障碍。

2.学生阅读《文言文二则》和《小英雄雨来》《我们家的男子汉》《芦花鞋》四篇课文，说一说有什么发现。

3.《文言文二则》结合图片讲故事，组内练习读课文，关注个别字的解释。

4.以小组为单位，讨论后三篇课文的相同点和不同点，激发学生阅读兴趣，了解三篇课文的内容。

表 1-15　第 6 单元学生预习表单

课　题	成长的年代	成长的故事	获得的感悟
《小英雄雨来》			
《我们家的男子汉》			
《芦花鞋》			

（三）回顾课堂，布置作业

1.学习《文言文二则》时，结合"语文园地"学习六个成语，练习讲述历史故事的能力。

2.结合"语文园地·交流平台"梳理三篇长课文的特点，学习把握长文章主要内容的方法。

课时 2

（一）作业反馈，故事表演

1. 学生就上节课布置的作业进行交流。《文言文二则》中车胤和李白的故事展示了我国传统文化中勤奋学习、持之以恒的精神，揭示了只有坚持不懈地勤奋学习，才能取得成就。

2. 以小组为单位推荐故事大王登台表演。

3. 学生发现本单元后三篇课文都很长，而且作者都是按照一定顺序把课文分成几个部分写的。《小英雄雨来》按照事情的发展顺序，用序号分为六个部分；《我们家的男子汉》是按照人物性格用小标题标示每个部分的主要内容；《芦花鞋》则是用空行提示我们不同的部分，这些序号、标题、空行使得课文层次清晰，让我们读起来轻松多了。

（二）深入学习，提炼方法

1. 充分利用课后习题：为什么说雨来是小英雄？尝试批注自己的发现和想法。结合自己的批注，尝试有条理地讲一讲为什么说雨来是小英雄。

2. 思考：如何用简明的语言将小英雄雨来的故事讲给别人听呢？

预设回答：先读懂每个部分的内容，概括每个部分的内容——运用小标题的方式，将每个部分连接起来组织语言，概括介绍。

（1）游泳本领高　　（2）上夜校读书　　（3）掩护交通员

（4）智勇斗鬼子　　（5）怀念雨来　　　（6）机智脱险

3. 运用以上方法概括介绍《我们家的男子汉》《芦花鞋》的主要内容。

（三）梳理提升，布置作业

1. 以小组为单位，结合课堂所学，梳理出"交流平台"中的内容。

2. 完成"语文园地"中词句段的练习。

读两组句子，体会加点部分表达的不同感情，再照样子改写后两句。

日积月累，朗读背诵《独坐敬亭山》。

模块二 梳理探究（1课时）

一、学习目标

1.在充分阅读的基础上，学习作者按事情的发展顺序把事情写清楚的表达方式。

2.激发学生的习作兴趣。

二、学习过程

（一）回顾总结，提炼感悟

1.《小英雄雨来》文中共三处出现还乡河的景色，找出来读一读，写这些景色有什么作用？这么长的文章在写法上有什么特点？

预设：第一部分对怀乡河景色的描写，为故事的发生发展做铺垫；第五、六部分的景色描写表达了人们对雨来的惋惜和不舍。

课文篇幅很长，分六个部分来写，每个部分都可以成为一个独立的小故事，作者按事情的发展顺序把事情写清楚。

2.阅读《我们家的男子汉》时，结合小标题体会作者抓住事例表现小男子汉对食物的兴趣、对独立的要求、面对生活挑战的沉着这三个主题内容展现了一个男子汉的成长。

课文虽然比较长，但结构很清晰，开头部分先交代我们家有个男子汉，点明有刚出生不久的孩子，引起阅读期待。接着从三方面进行分述，展现男孩子的率真爽气、独立自主、沉着勇敢。最后总结"我"见证他成长为男子汉的过程。

（二）借"交流平台"梳理把握长文章主要内容的方法

1.《小英雄雨来》《我们家的男子汉》和《芦花鞋》这三篇课文都是长文章，怎样把握文章的主要内容？（我们只要把每个部分的主要意思连起来，就能把握课文的主要内容了，今后遇到类似的文章也要运用这样的方法把握主要内容。）

2.在阅读长文章时要注意什么？（在阅读过程中有时要停下来思考一下前面的内容，想想讲了什么。有时如果忘记了前面的一些内容，就再返回去看看。）

（三）自主阅读交流感悟

1.通过阅读，说说文中的哪些情节让你感觉到主人公的成长。

2.课堂总结与作业布置：

课堂总结：回顾课堂收获，梳理把握长文章主要内容的方法。

作业布置：结合所学的阅读方法，阅读更多作家笔下的人物故事。

模块三　表达交流（3课时）

一、学习目标

1.能根据讨论的目的，记录重要信息。

2.能分类整理小组意见，做到有条理地汇报。

3.能按学习的顺序把自己学做事情的过程写清楚，写出学习过程中遇到的困难或有趣的经历，把心情变化写下来。

4.能与同伴交换习作，交流评改，并提出修改意见。

二、学习过程

课时1

（一）明确这次的学习目标——两个成长

1.同学间相互学习如何和朋友相处。

2.根据讨论目的进行记录、整理和汇报。

（二）口语交际，根据内容讨论汇总、记录交流

1.创设情境，引出话题。

你有哪些好朋友？他们为什么能成为你的好朋友？口语交际话题——朋友相处的秘诀。

2.划分小组，明确分工。

自主结合，四人左右，分工明确，选出主持人和记录员。

3.示范引领，学习记录整理信息。

通过范例让学生了解如何记录重要信息、分类整理意见。

4.小组讨论朋友相处的秘诀，记录并整理意见。

第一步：讨论记录。

表 1-16 朋友相处秘诀话题讨论记录表

序 号	意 见	意见来源
1	朋友之间应该相互信任	
2	好朋友应该互相帮助	
3	不要在朋友生气时火上浇油	
4	相互分享快乐分担烦恼	
5	为了让朋友高兴，给他买喜欢的东西	
6	委屈地指出朋友的缺点	
7	学习朋友的优点	
8	在朋友不开心的时候给予安慰和鼓励	
9	为朋友两肋插刀	
10	……	

第二步：整理筛选最重要的意见。

5.全班分享，交流朋友间相处的秘诀。

提炼总结：朋友间要相互信任，真诚相待；朋友间要取长补短，学习对方优点，指出对方缺点；朋友间要相互帮助，分享快乐、分担烦恼。

课时 2

（一）构思习作

1.审题，明确习作要求。

此次习作是半命题式作文："我学会了_____"。

要先把题目补充完整。

要写清自己学会了什么，把学做这件事的经历和体会与同学分享。

2.选材和构思。

观察六幅图，这些事例源于学生生活，可以很好地唤醒学生对生活的回忆和体验，选择习作素材，知道"写什么"。

讨论怎么写：开篇交代学会了什么；按顺序把学习的过程写清楚，把遇到的困难或有趣的经历作为重点写，还可以写写心情变化；最后写写学习的成果或收获。

（二）完成习作

根据自己整理的习作思路，动笔完成习作。

课时 3

（一）修改习作

1. 明确修改要点：

习作中是否有错别字、病句等问题。

习作是否按照一定的顺序来完成。

习作是否抓住了景物的特点。

2. 自改与互改相结合。

根据上述要求，学生先自主修改自己的习作，然后小组内交换修改习作。

（二）交流评价

1. 组内交流分享。

同学们将修改过后的作品进行组内分享交流。

2. 完成评价。

学生之间完成此次习作的评价，指出被分享作品的优点和不足，以供其他同学借鉴。

（三）选出优秀作品

以小组为单位，推出优秀的作品进行班级展示。

第二部分　读整本书教学设计——《青铜葵花》

模块一　阅读鉴赏（1课时）

一、学习目标

1. 通过阅读推荐课，激发学生阅读《青铜葵花》的兴趣。

2. 抓住故事情节感受人物的内心世界，引导学生正确面对苦难与挫折，热爱生活。

二、学习过程

（一）介绍背景，激发兴趣

1.回忆本单元所学内容，明确单元内容的编排都是围绕"成长"这一主题展开的。

2.向学生出示《青铜葵花》中的一些情节、图片，激发学生的学习兴趣。

（二）阅读片段，感受人物处境的艰难

1.青铜家没有灯，葵花只好到同学家去做作业，那天晚上她去了两户人家都遭到拒绝，葵花就沿着长长的村巷，一个劲儿地奔跑着，眼泪禁不住奔涌出来，一路的泪珠。

2.这一年的三月，一场大水淹没了青铜的家，为了盖房子，青铜家借了很多的债。

看到他们的处境你有什么想说的吗？

（三）呈现目录，引导阅读

1.出示小说目录，看到目录后你对哪一章感兴趣？希望和大家分享。

2.根据讨论，学生分成小组，每人挑选自己感兴趣的章节，做好读书笔记。

模块二　梳理探究（1课时）

一、学习目标

1.依据目录，梳理《青铜葵花》的感人故事。

2.积累书中展现景色之美的语句，结合精彩片段感受人性之美。

二、学习过程

（一）品味故事，交流分享

1.小组内推选出本组最感受最深的情节，交流自己的感悟。

2.还可以根据阅读的内容制作思维导图、绘制表格、绘画等并进行作品分享。

（二）归纳总结，交流感受

阅读完整本书后进行反思交流。

1.小说主人公青铜和葵花所经历的苦难，读读让你最感动的情节，说说透过文字你体会到了什么。

2.本书中写美的段落、句子数不胜数，请同学们找出来读一读，并积累下来。

3.怎样在短时间内把这样一本小说读薄，归纳阅读方法。

模块三　表达交流（1课时）

一、学习目标

学生选择书中最感人的情节，写出自己的感受与同学们进行交流分享。

二、学习过程

（一）整理内容，制作分享卡

每位同学挑选《青铜葵花》这本书中故事情节写出自己的阅读感受。制作阅读分享卡片，与同学交流。

（二）展示成果，分享表达

完成阅读分享卡后，同学还可以在班级内交流自己设计的阅读分享卡，分享阅读感悟，在走进主人公苦难经历的故事后，感悟至美至真的情感，收获不一样的成长。

第三部分　语文实践活动设计

模块一　阅读鉴赏（1课时）

一、学习目标

1.结合小标题回顾课文的内容，选择喜欢的故事，以小组为单位进行课本剧的编排。

2.通过课本剧的创编演练走进人物，感受成长中所经历的苦难、美好，感恩现实生活的美好。

二、活动过程

（一）回顾课文寻找感动的故事

回顾本单元作家笔下的人物形象，选择喜欢的故事反复读。

（二）创编演练课本剧

1. 选择自己喜欢的故事大胆进行创编。

2. 小组内选择课本剧然后进行角色分工。

3. 合理想象大胆创新，按照自己的想法对故事进行创编，小组讨论。

（三）展示交流

1. 小组内推选汇报人汇报本组课本剧的构想。

2. 全班同学评价。

（四）总　结

同学们利用课余时间积极排练，通过这次活动，学生深入了解作家笔下的人物，走进他们的故事，感受成长。

模块二　梳理探究（1课时）

一、学习目标

1. 整理活动方案，明确组内分工。
2. 制作课本剧相关道具及多媒体素材。

二、活动过程

（一）细化方案，明确分工

1. 各个故事小组明确分工并初步设计活动方案，进一步细化工作流程。

2. 各小组完成角色、任务分配等工作。

（二）制作道具，彩排预演

1. 制作活动过程中需要的道具、视频作品等。

2. 各个故事小组根据组内实际情况，自主预演课本剧。

模块三　表达交流（1课时）

一、学习目标

学生以小组为单位进行课本剧的表演，鼓励学生交流评价，评选最佳组合，提升学生综合素养。

二、活动过程

（一）准备工作

1.要表演注意事项及出场顺序。

2.PPT、背景音乐、服装道具的检查。

（二）表演评优

1.学生根据各个小组的表演内容、演出效果投票，选出最佳创意组。

2.大家交流此次实践活动的感受，并对活动的举办过程进行复盘，向同学介绍自己读过的一本小说，简单说说内容。

从细节描写中感悟人物伟大品格

——统编版四下第 7 单元整体教学设计

喜志林

【设计理念】

本单元的语文要素是"从人物的语言动作等描写中感受人物的品质"，旨在引导学生仔细研读文本，发现人物的品质是如何通过人物的言行表现出来的，并能够受到人物品格的感染。四年级上册学习了"通过人物的动作、语言、神态体会人物的心情"的方法，侧重情感的体会。本单元则侧重人物品质的感受，通过对课文《"诺曼底号"遇难记》《黄继光》《挑山工》的学习，让学生从文中找出描写语言、动作的语句，说出从中感受到的人物品质；"交流平台"采用举例说明的方式，总结如何从语言和动作描写中感受人物品质。

本单元的习作要求是"学习从多个方面写出人物的特点"，旨在帮助学生学会从多个方面介绍自己。三年级下册已经有过"写一个身边的人，尝试写出他的特点"的练习，本次习作进一步提高要求，学习从多个方面写出自己的特点，比如外貌、性格、爱好和特长等，以"写得像"作为评价标准，根据评价标准修改习作，引导学生进一步学习写人的方法，即选择典型事例，通过对人物语言、动作、外貌、神态、心理等的细致描写，具体地表现人物的特点。

在单元学习过程中，教师在注意培养学生阅读理解能力的同时，还要关注学生的表达，让学生在亲身经历、亲自尝试中经历学习过程，获得学习体验，从人物的语言、动作等描写中感受人物品质。本单元语文要素是"从人物语言、动作等描写中感受人物品质"；习作要求是"学习从多个方面写出人物的特点"，帮助学生从多方面介绍自己。教师紧紧围绕这两个语文要素，结合口语交际、单元习作和好书分享、故事新编等学习活动，通过评价、练笔等方式激发学生的学习兴趣，提升学生的语言表达能力、思维能力、想象能力、阅读能力及表演能力。

【内容简介】

围绕人文主题和语文要素，本单元以"人物品质"为主题，编排了《古诗三首》《"诺曼底号"遇难记》《黄继光》《挑山工》四篇课文，从不同方面展现了人的精神追求和高尚品格。《古诗三首》表现了诗人的精神追求及戍边将士的英勇威武；《"诺曼底号"遇难记》歌颂了哈尔威船长忠于职守、舍己救人的崇高品质；《黄继光》展现了抗美援朝特级英雄黄继光的英雄气概；《挑山工》赞美了挑山工不怕困难，朝着目标，坚持不懈，向上攀登的精神。教学中，教师要借助具体的人和事，来落实单元"从人物的语言、动作等描写中感受人物的品质"的阅读训练要素。这四篇文章均是与人物的美好品质有关，旨在让学生通过阅读来表达对古今中外伟大人物的礼赞，进而让学生受到感染，激励自我。

本单元习作——我的"自画像"，穿插安排了"口语交际"和"语文园地"。"口语交际"的内容是自我介绍，旨在帮助学生学会根据对象和目的在不同的情况下介绍自己，更好地与他人沟通。本次口语交际活动以情景对话的形式展开，教师要创造多种交际情境，以具体、真实的情境唤起学生的兴趣，让学生在实践体验中展开互动与交流，为单元习作的撰写做好准备。对于单元习作——我的"自画像"，应指导学生，紧扣教材提示，帮助学生打开习作思路，指导成文。教师要指导学生把素材组合起来，指导学生学习运用本单元写人的方法，选择典型事例，通过描写语言、动作、外貌、神态、心理等，具体地表现一个人的特点。"语文园地"主要总结了"从人物的语言、动作等描写感受人物品质"的阅读方法，用本单元课文的具体示例，帮助学生加深对这一方法的认识，为学生在今后的学习和课外阅读中，运用这一方法把握人物品质打好基础。

【单元目标】

一、核心目标

通过阅读了解课文内容，学习描写人物的基本方法，感悟人物品质；初步运用描写人物的基本方法，尝试把一个人的特点写具体。

二、常规目标

1.随文学习生字、词语。认识"脉、汹、岗，弥"等 37 个生字，读准多音字"单、晕"，会写"芙、蓉、维，秩"等 23 个生字，会写"行驶、混乱、调遣"等 10 个词语，理解"践行"等词语的含义。

2.结合文中描写人物的语句，说出人物的特点。

3.通过描写人物的语言、动作、外貌等表现人物品质；通过描写他人的反应表现主要人物的特点。

4.能交流、总结写人的基本方法。

5.能试着用学过的方法描写某个同学或自己；能列出表现人物特点的典型事例。

本单元在具体教学中应紧扣主题——人物品质。通过品读、自读课文，学习描写人物的基本方法，运用描写人物的基本方法具体地表现一个人的特点。梳理单元内容，整合本单元语文要素，使学生从整体上把握单元脉络。在构建课内外联系的过程中，阅读《鲁滨逊漂流记》整本书，并开展语文实践活动，进一步落实语文要素。

【教学设计】

第一部分　教科书教学设计

模块一　阅读鉴赏（2课时）

一、学习目标

1.联系单元导语内容，指导学生结合生活实际说说与"伟大"相关的人和事。

2.通过描写人物的语言、动作、外貌等表现人物的特点，能体会其表达效果，引导学生逐步理解人物品质。

3.培养学生探索语言、对信息分类整理和概括的能力，寻找人物描写的一般方法和规律，巧妙关注表达方式。

二、学习过程

课时 1

（一）整体感知，了解特点

1.通过课前预习，说说本单元由哪些文章构成，都赞扬了人物的哪些优秀品质。

预设：1.由古诗和现代文构成；2.从不同方面展现了人的精神追求和高尚品格。

2.总结本单元文本的特点。

预设：《古诗三首》表现了诗人的精神追求及戍边将士的英勇威武；《"诺曼底号"遇难记》歌颂了哈尔威船长忠于职守、舍己救人的崇高品质；《黄继光》表现了抗美援朝特级英雄黄继光的英雄气概；《挑山工》赞美了挑山工不怕困难，朝着目标，坚持不懈向上攀登的精神。

3.齐读本单元的导语及单元要求。（板书课题）

（二）学习课文，品人物品格

1.听写词语，对书订正。

2.从书中找到听写词语所在的句子，读一读，初步感受人物的性格特点。

3.阅读古诗，回顾学习方法。联系上下文，结合生活经验，抓住关键词，体会诗句表达的人物精神。

4.分享描写诗人或主人公的诗句，交流感受。

预设：《芙蓉楼送辛渐》抓住"一片冰心在玉壶"一句，体会诗人冰清玉洁、坚守情操的信念。《塞下曲》抓住"月黑、雁飞、夜遁逃"等景物描写，体会将军雪夜追敌的英雄气概。《墨梅》借墨梅自喻，抓住"只留清气满乾坤"一句，体会梅花的高洁品格，表达诗人的人生态度，以及不向世俗献媚的高尚情操。

板书：

《芙蓉楼送辛渐》：夜入吴、楚山孤

如相问、在玉壶→高洁、清廉

《塞下曲》：　月黑、遁逃

诗题 ⎰

轻骑逐、满弓刀→勇敢顽强

《墨梅》：　池头树、淡墨痕　（状物）

不要夸、清气满乾坤（言志）→淡泊名利、

贞洁自守

5. 讲述诗歌创作背后的故事，感受诗人的品格。

6. 认真阅读现代课文，找出描写人物外貌、语言、动作、神态的句子，将它们画下来，思考它们体现了怎样的人物品质，在书上做批注。

7. 学习英雄人物，升华人物品格。

板书：

哈尔威船长：语言、动作描写临危不惧、大义凛然

人物 ⎰

黄继光：神态、语言、动作描写　战斗英雄、英勇献身

挑山工：语言、动作、外貌描写　坚持不懈　向上攀登

……

8. 复述故事，感悟英雄品质。

（三）总结梳理与作业设置

1. 课时梳理：根据课文《"诺曼底号"遇难记》，结合船上的紧急场面，写写生活中的紧急场面，用上语言、动作描写。

2. 作业设计：根据课文《黄继光》，结合"语文园地"，选择一种情境，写一组连续动作。

课时 2

（一）预习作业

反馈、交流：课文是如何抓住细节描写来表现人物品质的，并说明理由。学生用思维导图、列提纲、画变化阶、人物介绍等各种方式展示自己的

作业。

生生互评，分析判断学生交流的理由是否正确，选择的方式是否合适。

（二）制作思维导图

重点讲评思维导图，为具体运用描写人物的基本方法表现人物品质做准备。

学生结合已有经验，通过抓对比、抓对话、抓动作等方法，感悟人物品质，梳理描写人物的方法。

分小组合作完成：

1.四人一组进行分工。

2.可从描写言行、神态、侧面描写等的关键语句中进行整理，组员分工合作画思维导图。

3.把每组的作品进行展示，串联成描写人物的基本方法的结构图，形成数据链。

（三）课时梳理及布置作业

1.总结本节课的收获。

2.布置作业：

以小组为单位，制作思维导图，制定人物册以备展览。

完成《"诺曼底号"遇难记》文后小练笔：哈尔威船长的英雄壮举，让你对生命有了怎样的体会？

模块二　梳理探究（1课时）

一、学习目标

1.在充分阅读的基础上，梳理表现人物品质的基本方法。

2.激发学生阅读作家笔下人物的兴趣。

二、学习过程

（一）结合课后习题发现描写人物的基本方法

1."诺曼底号"遇难时，哈尔威船长是怎么做的？你从中感受到他怎样的品质？

2. 反馈《"诺曼底号"遇难记》文后小练笔：哈尔威船长的英雄壮举，让你对生命有了怎样的体会？

举例交流中发现，可以用语言、动作等描写感受人物品质。

学生交流中发现，描述周围人的反应，可以间接烘托人物的品质。

（二）借"交流平台"梳理具体表现人物特点的基本方法

1.《"诺曼底号"遇难记》《黄继光》和《挑山工》这三篇课文是通过对哪些方面的描写来表现人物特点和品质的？

2. "交流平台"中的两个例句分别是从哪些方面表现人物品质的？

3. 你在课外阅读中学到了哪些表现人物特点和品质的好方法？

（三）自主阅读发现表现人物特点的基本方法

1. 通过阅读，你发现这些表现人物特点的方法了吗？

2. 课堂总结与作业布置：

课堂总结：回顾课堂收获，梳理描写表现人物品质的基本方法。

作业布置：结合描写人物的基本方法，阅读更多作家笔下的人物故事。

模块三 表达交流（3课时）

一、学习目标

1. 利用各种方式梳理描写人物的基本方法。

2. 在充分了解描写人物的基本方法的基础上，学会根据对象和目的，在不同的情况下介绍自己，更好地与他人沟通。

3. 初步运用描写人物的基本方法，尝试把一个人的特点写具体。能从外貌、性格、爱好与特长等方面写出人物特点，并能用具体的事例说明。

4. 能够修改自己的习作，使习作内容具体，语句通顺。

二、学习过程

课时 1

（一）复习巩固描写人物特点的基本方法

1. 本单元课文中的主要人物各自的特点是什么？文中选取了什么事情来写？为什么选取这些事情来写？

2.学生抓住描写主要人物语言、动作、外貌、神态、心理的语句交流。

（二）口语交际，学会根据对象和目的，在不同的情况下介绍自己，更好地与他人沟通

1.情境讨论，根据不同场合进行自我介绍。

表 1-17　根据不同交际要点进行自我介绍

交际身份	交际对象	交际目的	交际要点
新转来的同学	全部同学	让全班同学了解，尽快熟悉	姓名，来自哪里，兴趣爱好等
应聘校报记者	校报负责人	成为校报小记者	采访方面的专长
报名电视台才艺展示节目	电视台导演	参加才艺节目演出	才艺技巧，荣誉称号等
接站人	不认识的客人	让客人一眼认出自己	自己的体貌特征，标志性特点
……	……	……	……

2.情景练习。

明确不同场合说什么话，开场怎么说，结尾又怎么说，这些内容都需要细化。

介绍自己，要清楚重点介绍什么，来展现自己的优势。

3.交流反馈，自我介绍。

（三）指导学生完成作文——我的"自画像"

1.出示要求：能从外貌、主要性格、最大的爱好与特长等方面写出自己的特点，并能用具体的事例说明。

能试着用学过的方法介绍自己；能列出作文提纲，简要写出表现自己特点的典型事例。

板书：

写什么 ｛ 外貌特点
　　　　 性格特点
　　　　 爱好特长
　　　　 ……

怎样写 { 整体形象
语言、动作、神态、心理描写展现性格特点
用具体事例展现爱好、特长

2. 讲评明确标准。

（四）习作指导

1. 读习作提示，明确要求。

抓住自己的主要特点写具体。

选择典型事例表现其特点。

运用本单元学过的描写人物的方法。

板书： { 抓特点 写外貌
抓爱好 表情感
重细节 举事例

2. 自己选素材完成习作。

3. 全班交流。

（五）课时梳理及作业布置

1. 总结本节课的收获。

2. 布置作业：完善作文。

课时 2

（一）习作赏析

1. 教师选出典型习作赏析。

教师选出有代表性的习作，进行讲解赏析，定出评价标准。

2. 小组成员习作赏析。

（二）习作修改

1. 学生根据习作评价标准修改自己的习作。

2. 同桌之间互相修改习作。

（三）选优秀作品

小组推选优秀习作展读。

（四）作业布置

选择自己熟悉的一个同学，把他的特点写具体。

课时 3

（一）抓住班里同学的特点进行练笔，猜猜他是谁

1.抓住自己熟悉的一个同学展开描写，最好结合具体事例，写出人物某一方面的品质。（重点从人物的外貌、语言、动作、神态、心理等方面展开描写。）

2.选材、选择事例。（抓一方面品质展开描写即可。）

（二）开展"猜猜他是谁"活动

各组交流，并在班里交流，评选最佳人物画像。

（三）课时梳理及布置作业

1.总结本节课的收获。

2.布置作业：修改作文并与爸爸妈妈分享。

第二部分　读整本书教学设计——《鲁滨逊漂流记》

模块一　阅读鉴赏（1课时）

一、学习目标

1.通过阅读推荐课，学生初步了解《鲁滨逊漂流记》的内容，激发阅读兴趣。

2.从人物身上受到潜移默化的影响，学习鲁滨逊的精神。

二、学习过程

（一）激发兴趣，引出题目

1.关于奋发向上的名言你知道哪些？（从"读一读""学习园地"中日积月累的。）

2.今天，我们就一起来读一本好书，一部经典著作——《鲁滨逊漂流记》。

3.读一读书名，你知道了什么？谁能说说他经历了什么吗？

4.出示《鲁滨逊漂流记》的内容介绍，让学生初步了解小说的内容。

5.激趣游戏：假如你是鲁滨逊，想在荒无人烟的荒岛上活下去，只允许带三样物品，你会怎么选？首选什么，为什么选它？

（二）阅读片段，感受残酷的现实

1.处境的艰难。

看到鲁滨逊对自己处境的记录方法，你有什么想说的吗？

2.病魔的侵袭。

请用一个四字词语来形容鲁滨逊的处境，你会用什么？

（三）呈现精彩，体会自救智慧

1.出示《农业经验》一章。

在鲁滨逊种植庄稼的过程中，你欣赏他的哪些做法？（四人一组交流）

2.出示小说目录。

看到目录后你对哪个章节印象最深？请和大家分享。

（四）人物形象初探，试写人物标签

1.故事中有很多人物，把你最喜欢的人物做书签，要求图文美观，可以把你印象最深的人物特点用一句话概括。书中的每一个人物都给大家留下了深刻的印象，尤其是鲁滨逊，有人说他是——"像风一样的男子"说明鲁滨逊不甘现状，勇于追求自由的人生。（教师示范写人物标签。）

2.学生尝试写人物标签。

预设：勇敢无畏、意志坚强、永不放弃……

3.那他是不是生来就十全十美呢？他又有什么弱点呢？

4.作者福笛既然要把鲁滨逊写成英雄，又为什么要描写他这些胆小懦弱的特点呢？

5.每个人都有缺点，英雄那大无畏的冒险精神也不是与生俱来的，说说从书中哪些情节能够看出来。

预设：因为在面对一次次困难时，鲁滨逊努力地想办法战胜困难，所以才成了大无畏的英雄。

模块二 梳理探究（1课时）

一、学习目标

1.梳理书中的人物形象，根据所写人物标签，重点感悟鲁滨逊的英雄形象。

2.品语言，感悟书中独特的语言风格和艺术价值。

二、学习过程

（一）精彩回顾

1.出示上节课所写人物标签。

同学们，我们已经读完了《鲁滨逊漂流记》这本书了，你能根据这些人物标签说出是书中哪个人物吗？

2.出示相关语句。

这些精彩的语句，对突出人物品质有什么作用呢？

（二）分享成果

1.上节课我们都写了人物标签，谁愿意和同学们分享？要求说清楚这个人物标签的理由，可以把你喜欢的人物给大家分享。

2.在评价过程中，如果你发现他点评的人物特点不鲜明，或语言概括得不够准确，还可以提修改的意见。

3.联系生活实际，谈谈对鲁滨逊精神的认识。

预设：这些精神绝不仅仅属于鲁滨逊，他只是一个缩影，他的身后，有许许多多具有这种品质的人。

4.你还能想到谁？能谈一谈吗？

预设：李时珍、袁隆平、钱学森、詹天佑、贝多芬……

5.从他们身上，你学到了什么？

（三）归纳写法，积累经验

结合我们本单元学的课文和你读的这本《鲁滨逊漂流记》，你发现了哪些描写人物的方法？

（四）总结升华

1.我们读完了这本小说，都被故事情节深深地吸引了，作者福笛是怎么做到的呢？

2.一本好书总是在多个方面都有值得学习的地方，从这些经典语句中，我们也能感觉到无穷的力量，能够激励我们要勇敢地战胜困难，也为我们的人生之路点燃了一盏明灯。

模块三 表达交流（1课时）

一、学习目标

1.通过好书分享活动，感受作家笔下鲜活的人物形象，激发学生阅读兴趣，逐渐提升自己的阅读素养。

2.创编故事，把学到的语言内化外显，培养学生的空间想象能力、语言表达能力、小组合作能力等。

二、学习过程

（一）好书分享，聚焦人物特点

1.推荐好书：《汤姆·索亚历险记》《海底两万里》《金银岛》等，学生也可以自主选择。

2.选择自己最喜欢的一个人物讲给大家听。

（二）创编喜欢的故事细节

1.作家笔下的许多人物形象都很鲜活，给我们留下了很深的印象，但有些细节没有具体描述，请你根据自己对喜欢的人物特点的了解，试着创编故事。

2.注意创编时要把握描写人物特点的方法。

（三）制作阅读小报，分享阅读收获

1.组内交流。

2.全班展示。

（四）总结升华

通过本单元的学习，我们了解了作家笔下一个个鲜活的人物形象，希望我们多读好书，读整本书，学习作家善于抓住细节描写烘托人物品质的方法，及时归类整合，学以致用。

第三部分　语文实践活动设计

模块一　阅读鉴赏（1课时）

一、学习目标

1.从选文中选择喜欢的故事，进行改编或续编，回顾描写人物的基本方法。

2.在改编课本制或续编故事活动中，进一步感悟运用语言、动作等细节描写突显人物品质的妙处所在。

二、活动过程

（一）回顾课文，寻找喜欢的人物形象

回顾本单元作家笔下的人物形象，选择喜欢的人物形象反复读句子。

（二）改编课本剧或续编故事

1.理解新编的含义，把自己喜欢的故事进行改编或续编。

2.引导学生大胆创新，合理想象，按照自己的想法对故事进行新编。

3.小组讨论：选好素材，有新意，可围绕一个情境，通过细节描写烘托人物品质。

板书：

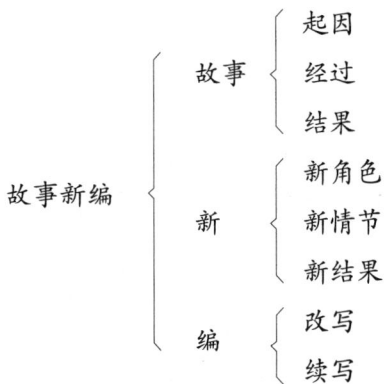

故事新编
- 故事
  - 起因
  - 经过
  - 结果
- 新
  - 新角色
  - 新情节
  - 新结果
- 编
  - 改写
  - 续写

（三）展示交流

1.小组内推荐优秀剧本或续写故事。

2.全班同学评价。

（四）总　结

通过这次活动，大家深入了解了描写人物的语言、动作、外貌等表现人物特点的方法，并能体会其表达效果。大家创编的剧本和续写很好，课下可以进行剧目排练。

模块二　梳理探究（1课时）

一、学习目标

通过语文实践活动，梳理出描写人物特点的方法，体会其表达效果。

二、活动过程

（一）复习巩固

通过这次语文实践活动，你知道了作者在赞扬人物品质时都用到了哪些描写人物的方法吗？

学生交流补充。

（二）梳理构建方法图

1. 自己总结，构建描写人物方法图。（表格、括号、提纲……）

2. 以小组为单元评价。

3. 展示描写人物方法图，同学评价。

（三）小　结

通过今天的学习，我们知道描写人物的方法很多，正因为有了这些方法的使用，才使文中的人物形象栩栩如生，鲜活难忘。今后我们也要学会将其应用于实践，提高我们的阅读和习作能力。

模块三　表达交流（1课时）

一、学习目标

通过表演剧本，深刻领悟描写人物的基本方法，从而培养学生的想象力、创造力、表演力和合作力。

二、活动过程

（一）检查准备情况

1. 要表演的剧本。

2. 表演时需要的道具。

（二）展示评价

1. 同学表演剧本内容。

2. 选择本单元中自己喜欢的人物形象，指名表演。

比如：选择《挑山工》中的任意一个人物表演——挑山工或文中的"我"。

3. 同学评价，发表建议。

4. 选出优秀组，贴星鼓励。

（三）总　结

通过这次实践活动，大家对如何抓住细节描写来烘托人物品质有了更深刻的认识。希望同学们课下搜集更多的作家笔下的人物文章进行阅读，感兴趣的同学可以自己创编小说，来塑造一个个鲜活的人物形象。

通过感知人物形象感受童话世界的奇妙

——统编版四下第 8 单元整体教学设计

张嘉麟

【设计理念】

有人说，成年人感知幸福的能力，取决于你的内心还保留了多少对童话的相信。童话，是人类美好的幻想，是对真善美理想的表达方式。儿童就是在以童话的方式看待世界——万物皆有灵，正义终将打败邪恶，好人总会得到好报。虽然童话的起源并不是因为儿童，但因其在表达方式、传达的信仰方面，更符合儿童单纯的认知，故近现代以来，童话的阅读群体主要是儿童。更多的童话也因儿童而创生。统编版教材一至六年级，每一册几乎都编有童话。仅童话作为一个单元出现，就有两次。一次是三年级上册，一次是四年级下册。两次编排类比如下：

表 1-18 三上和四下教材童话编排类比

册　序	单　元	阅读要素
三上	第 3 单元	感受童话丰富的想象。
四下	第 8 单元	感受童话的奇妙，体会人物真善美的形象。

三年级上册，旨在引导学生"感受童话丰富的想象"。四年级下册，虽然仍需"感受童话的奇妙"，但"体会人物真善美的形象"才是重点。人物的形象，多是通过语言、心理或动作的描写刻画出来，也可通过周围环境的描写衬托出来，我们需要根据这些描写进行想象，感受人物的性格及当时的心情，进而理解并体会人物的形象。"感受童话的奇妙"也好，"体会人物真善美的形象"也罢，都是为了让学生在读完文本之后，对童话所承载的美好

产生一种憧憬、一种信仰，这种憧憬和信仰能让他们在面对现实的挫折和困苦时，有支撑下去的力量与希望。"童话，给了人类超自然的信仰。"这种信仰，就是无论在哪个时代，在何种境遇下，使人们都能葆有对真善美的追求。这是本单元的人文目标，可在单元开启时由导语页提示，让学生在整个单元的学习中，都带着欣赏"童话之美"的意识，去感悟人文目标。

【内容简介】

《宝葫芦的秘密》写了天真爱幻想的王葆，幻想着自己能有一个无所不能的宝葫芦。当他真有了宝葫芦之后，却发现宝葫芦带给自己的不是幸福，而是烦恼。故事不仅塑造了纯真、善良、可爱的王葆形象，更传达了不劳而获终将是祸的道理。《巨人的花园》中，塑造了本是冷酷无情，后来又变得友善可亲的巨人形象，这种改变源自代表温暖与希望的小孩子。《海的女儿》中，小人鱼虽失去了歌喉，鱼尾变成双腿，忍受着巨大的疼痛，但她始终不后悔，即使最后化成了泡沫，她仍心怀对王子的爱。悲凉的故事，却塑造了一个为了追求爱情、自由与信仰而奋不顾身的形象。所有这些形象，都在用奇妙的、不可思议的故事，向人们传达着何为真、何为善、何为美。除此之外，该单元还编排了习作《故事新编》。表达的训练要素是"按自己的想法新编故事"。关于故事的写作，从部编教材的编排可以看出，"写故事"是小学阶段的训练重点，与此有关的训练要素，至少有下列的单元有所涉及。

表 1–19　小学阶段教材中的故事要素

册　序	单　元	阅读要素
二上	第 7 单元	观察图片，展开想象，续编故事。
二下	第 4 单元	根据提示看图发挥想象，借助词语按时间顺序写故事。
三上	第 3 单元	试着自己编童话，写童话。
三上	第 4 单元	尝试续编故事。
三下	第 5 单元	发挥想象写故事，创造自己的想象世界。
三下	第 8 单元	根据提示，展开想象，尝试编童话故事。
四上	第 4 单元	展开想象，写一个故事。
四上	第 5 单元	写一件事，把事情写清楚。

续 表

册　序	单　元	阅读要素
四下	第 6 单元	按一定的顺序把事情的经过写清楚。
四下	第 8 单元	按自己的想法新编故事。
五上	第 3 单元	提取主要信息，缩写故事。
五下	第 1 单元	把一件事的重点部分写具体。
五下	第 6 单元	根据情境编故事，注意情节的转折。
六上	第 1 单元	写作时发挥想象，把重点部分写得详细一些。
六上	第 4 单元	发挥想象，创编生活故事。
六下	第 5 单元	展开想象，学写科幻故事。

本单元对表达要素的训练，是在学生尝试过续写故事、编童话，以及"学写一件事，把事情写清楚"的前提下安排的。新编故事，即给定了情境和人物，在此基础上可以改编结局，也可以既改编结局又改编经过，但都要把具体的情节写清楚，而且前后自洽。本次习作训练，也给五年级的缩写故事、根据情境编故事等训练做铺垫。根据课本上的提示及以上分析，表达要素细化如下：1.选定一个熟悉的故事，能设想不同的结局，并且就某一种结局，大胆地设想不同的故事经过。2.在幻想故事的经过时，能有自己的创意，能想象出既符合故事结局，又不可思议的情节。3.在新编故事的过程中，体验幻想创造的乐趣。4.能将自己新编的故事写下来，并与人分享。

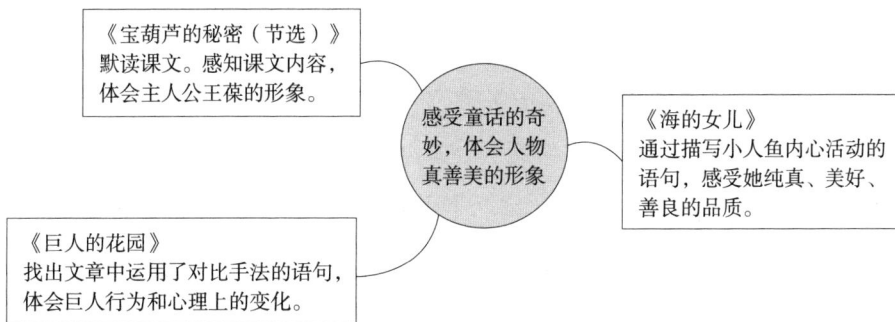

《宝葫芦的秘密（节选）》
默读课文。感知课文内容，体会主人公王葆的形象。

感受童话的奇妙，体会人物真善美的形象

《海的女儿》
通过描写小人鱼内心活动的语句，感受她纯真、美好、善良的品质。

《巨人的花园》
找出文章中运用了对比手法的语句，体会巨人行为和心理上的变化。

图 1-1　单元语文要素在课文中的梯度序列

【单元目标】

一、核心目标

1. 感受童话的奇妙，体会人物真善美的形象。

2. 按自己的想法新编故事。

二、常规目标

1. 认识 29 个生字，会写 26 个汉字，会写 20 个词语，积累有关学习方面的名言。

2. 能把握课文的主要内容，感受童话的奇妙，体会人物真善美的形象，进一步掌握童话阅读的策略。

3. 能根据课文内容展开想象，创编故事。

4. 能通过设想故事的不同结局，新编《龟兔赛跑》或其他熟悉的故事。

5. 能说出意思相近的词语在具体语言环境中不同的表达效果，能仿照例句写一个季节的特点。

6. 掌握竖写作品的书写要点，做到格式美观。

本单元的语文要素是"感受童话的奇妙，体会人物真善美的形象"。三年级上册已经安排了童话单元，语文要素是"感受童话丰富的想象"。显而易见，本单元的教学又有了新的提升点，教学时不仅要引导学生感受童话丰富的想象，还要通过丰富的想象体会人物的形象。

三篇经典童话都充满着奇妙的想象，在表达方式上各有特点。《宝葫芦的秘密》属于常人体童话，它的奇妙在于普通的少先队员王葆与宝葫芦之间发生了故事。《巨人的花园》中的"巨人"除了身形巨大以外，并没有写到超能力，它的奇妙在于营造了一个奇幻的花园。《海的女儿》属于拟人体童话，通篇充满奇幻的想象和诗意的氛围。本单元的习作要求是"按自己的想法新编故事"。教材以《龟兔赛跑》为例子，通过设想故事的不同结局来重新创编故事情节，揭示了故事新编的具体方法，发展学生的想象力和创造力。

【教学设计】

第一部分 教科书教学设计
模块一 阅读鉴赏（2课时）

一、学习目标

1.默读课文，理解课文内容，感受人物形象。

2.自学生字、词语。

二、学习过程

课时 1

（一）初读课文，识记生字

1.检查字词学习情况。

教师引导：你是用什么方法记住这些字的？学生交流，教师小结识记方法。

字源识字法。如，葵的古体字是"㵞"，上部的"ψψ"表示植物，"㳇"表示测量方位，所以"葵"表示能追逐太阳方位的植物。

形近字识记。如，"乖"与"乘"。

编儿歌识记。如：舔，小舌头，天天舔一粒小小米。

2.指导书写。

重点指导"乖、瘦"的书写。

乖：撇短横长，竖为悬针竖，两侧对称。书写时注意先中间后两边。

瘦：半包围结构，"疒"要包住里面的"叟"，"叟"上半部分的竖要稍出头。（视频出示瘦的书写笔顺。）

【设计意图】随文识字、在语境中识字是识字学词的好方法。引导学生自由读课文，纠正字音，让学生在语境中用多种形式反复朗读，能帮助学生更好地识记生字。书写练习时，引导学生分析结构相同的字在写法上的异同点，逐步引导学生养成分析字形、归类书写的好习惯。

（二）初识人物

教师：文中的主人公王葆是一个怎样的孩子呢？

学生默读课文，边读边在相关的词句下写批注。

课件出示：

我并不是什么神仙，也不是什么妖怪。（天真活泼）

我也和你们一样，很爱听故事。（爱听故事）

"乖小葆，来，奶奶给你洗个脚。"（有点懒）

"我要是有了一个宝葫芦，我该怎么办？我该要些什么？"（富于幻想）

引导学生以"王葆"的身份做自我介绍。

【设计意图】本板块注重教给学生抓住重点词句并联系上下文来理解课文的方法，还注重让学生养成自读、合作的良好习惯，这样有利于学生感受人物形象。同时根据课文内容来训练学生的口语表达能力，使学生真正成为语言的实践者。

课时 2

（一）学习字词，析词趣

1. 学习要求认识的字和要求会写的字。

2. 词语归类。

板书：

叱责　北风呼啸　快乐欢叫

自私　冰雹疯闹　增添春意

脸颊　小鸟歌唱　立刻逃走

拆除　桃花盛开　景象可爱

学生自由读词，边读边想：这三组词在课文中分别是描写什么的？

教师指名读词并交流这三组词。

教师小结：这三组词在课文中分别描写的是巨人、花园、孩子。

教师指导读词：边读边想象词语描绘的画面，注意读出词语的味道。

教师指名读后全班齐读。

【设计意图】读词亦需"语境感"。词语归类中的三组词语分别指向巨人、花园、孩子，这种词语上的运用妙在其营造的语境，让学生的语感和境感在诵读中得到了融合。

（二）初识人物，感文趣——巨人

默读《巨人的花园》，填写"角色场景卡"。

从课题中你马上就能获得哪些信息？（巨人、花园）

出示学习卡，完成"角色场景卡"。

```
┌─────────────────────────────────┐
│          角色场景卡一：          │
│         （1—2自然段）           │
│                                  │
│  巨人：外出旅行，不在家          │
│  花园：洋溢着孩子们的欢声笑语    │
└─────────────────────────────────┘
┌──────────────────┐  ┌──────────────────┐
│  角色场景卡二：  │  │  角色场景卡三：  │
│  （? 自然段）    │  │  （? 自然段）    │
│                  │  │                  │
│  巨人：          │  │  巨人：          │
│  花园：          │  │  花园：          │
└──────────────────┘  └──────────────────┘
```

图1-2 《巨人的花园》角色场景卡

【设计意图】就课程而言，写法决定读法，读法决定教法。《巨人的花园》是篇童话，在感知环节将"文体意识"融入其中，让学生懂得抓住主人公形象是了解童话内容的一个好方法。

模块二　梳理探究（1课时）

课时1

一、学习目标

运用所学方法梳理童话人物的形象，体会童话人物真善美的特点。

二、学习过程

《海的女儿》把文本与电影作品放在一起"互读"，借助文本阅读与影视阅读各自的优势，引导学生在文本与影视间不断切换，相互借力，激发阅读兴趣，深化阅读体验，实现双读共赢。

播放《海的女儿》电影片段，与课文对比。快速浏览课文《海的女儿》，借助教材提示，聚焦"能够打动自己的地方"展开阅读、对话。

【设计意图】通过想象动人的场景，读懂小人鱼的心事，体会小人鱼对爱情、理想的追求以及她的善良品格和牺牲精神。

模块三　表达交流（2课时）

一、学习目标

1.通过"故事新编"习作训练，激发学生的幻想，鼓励学生大胆去想象。

2.能运用在童话阅读中学到的方法，新编故事，进一步感受童话的奇妙。

3.赏析习作，修改作文。

二、学习过程

课时1

（一）明确要求，确定写法

1.回顾《龟兔赛跑》的故事内容。

教师引导学生讨论：新编这个故事时，从哪些方面考虑，才能更突出故事的新意？

学生自由交流后，教师小结：可以从改变故事的主人公，畅想故事的情节，改变故事的中心等方面入手来突出故事的新意。

2.设想新编故事的结局。

教师引导：如果让你来新编《龟兔赛跑》的故事，你会从谁的角度去编呢？

学生自由交流。

教师提示：站在谁的角度，谁就是故事的主人公，从赞扬它的角度出发。明确了故事的主人公，我们再来设想一下故事的结局，先在小组内讨论。

学生小组内讨论后全班交流。

设想龟兔赛跑可能出现的多种结局。（出示不同的结局。）

学生想象新编故事的情节。

教师引导：假如我们选择了"乌龟又赢了"这个结局，你认为这中间会发生什么故事呢？兔子在赛跑的过程中会遇到什么困难呢？乌龟又是运用什么方法赢得了比赛呢?

学生大胆想象,自由交流。

教师适时总结交流。

课件出示:

河流挡道撞上树桩掉进陷阱。(路遇不测)

跑反方向这回比谁跑得慢。(急中出错)

路过一片萝卜地,看到了水灵灵的萝卜。(遇到诱惑)

新增了一段下坡路,乌龟头一缩迅速滚下。(赛程变化)

借助滑板,利用宝葫芦。(借助工具)

根据课件提示的情节,大胆想象细节。

师生共同评议,明确对新编故事的情节的要求。

课件出示:

新编故事,必须要读懂原故事,抓准中心。只要不违背原故事的特点,怎么设计都是允许的。

新编故事,必须进行充分的想象。想象要大胆、新奇,但又要合乎情理。要注意运用自己平时的生活经验以及平时阅读积累下来的知识。

【设计意图】用例文引入是本次作文指导的关键所在,为此我精心准备了范例文章,并充分利用这一范例引导学生深入剖析,发掘范文背后潜藏的写作秘诀,让学生在自主探究中悟出新编童话故事的方法,为学生下一步的作文实践做好充分的准备。

(二)理清顺序,完成初稿

1.理清写作顺序。

教师:我们在新编故事时应该按怎样的顺序来写呢?

课件出示:

开头:交代背景、起因。(处理好与原文的衔接)

中间:故事经过。(具体描写语言、动作、神态、语气等)

结尾:自然点明道理。

2.学生开始新编故事,教师巡视指导。

【设计意图】此环节的设计是为了打开学生的思路,让学生进一步明确写作时的步骤及重点,引导学生更好地梳理自己的构思,启发学生更好地选择材料，写出自己的体验，写出自己的个性。

课时 2

（一）评议初稿，尝试修改

1.引导学生评议作文初稿，师生集体修改。

教师出示几篇典型的习作初稿和评议重点。

课件出示：

评议重点

是否在原故事的基础上进行了大胆的创新？

写作过程中是否运用了大胆的想象或拟人化手法？

故事情节是否完整、合理、生动、新奇？

有哪些优点可以借鉴？

师生共同评议。

2.课件出示修改重点，学生自己尝试修改习作。

课件出示：

修改重点

改正错别字、用错的标点符号。

改正不通顺的语句。

想想哪些地方需要补充，哪些地方可以删去，做到言简意赅。

【设计意图】师生共同评议初稿后，学生再自行修改习作，这是老师引导学生发现他人闪光点，弥补自身不足，从而取长补短的过程，也是一个作者与读者交流，及时反馈、共同提高的过程。

（二）欣赏佳作，交流收获

1.学生在小组内交流自己的习作，互评互改。

2.小组推选佳作，朗读展示，师生评议。

3.课件出示一两篇例文。学生自由读两篇习作；教师指名评议；教师点评学生习作。

4.学生再次完善自己的习作，誊写习作。

5.交流本次习作的收获。

6.教师总结。

【设计意图】向学生推荐两篇同一题材但构思截然不同的习作，旨在引导学生进一步感受童话的奇妙，引导学生大胆去想象、去写作。

第二部分 读整本书教学设计——《宝葫芦的秘密》
模块一 阅读鉴赏（1课时）

一、学习目标

1.通过指导《宝葫芦的秘密（节选）》导读，激发学生继续阅读《宝葫芦的秘密》的兴趣。

2.通过阅读目录等方法了解梳理整本书内容阅读的方法。

二、学习过程

（一）激发兴趣，继续阅读

1.交流书名、作者等。

2.出示书本封面，介绍书的作者等。《宝葫芦的秘密》这本书是由我国作家张天翼写的，图画由丁午绘制。

3.你想了解作家笔下的人物吗？我们一起来了解在《宝葫芦的秘密》中还发生了什么事。

（二）初读目录，整体感知

1.看目录，你了解到了哪些信息？

2.目录中你最喜欢哪个故事？

3.你想用怎样的方法展开阅读？

（三）借助目录，梳理主要内容

1.选择你喜欢的故事读一读，小组内讨论整本书的故事内容。

2.借助思维导图或者故事发展阶梯图初步梳理整本书讲了哪些故事。

【设计意图】"读"和"悟"是语文课堂上最有生命力的活动。"读"能够促"悟"，"悟"能够促"读"。小组合作进行梳理是学生表达认知和情感的重要方式，可以让重点凸显，让学生的认知提升、情感升华，让学生感受到读书的快乐。

模块二 梳理探究（1课时）

一、学习目标

1.通过对书中图文的阅读指导，激发学生二次阅读、深入阅读整本书的欲望。

2.乐于交流阅读感受，加深对作品及人物的理解，初步理解"幸福要靠自己的双手来创造"这一道理。

二、学习过程

（一）名言导入，激发兴趣

1.诵读有关读书的名人名言。（教师说人物，学生说名言。）

2.小结。

（二）知识大比拼

老师明确比拼要求：全班分成AB两大队，以一问一答的形式互相考问书本的知识，每组出6道题，胜出的一队每人可获一颗星。

（三）走进主人公

1.谁来说说这本书主要讲了一个什么故事？ 介绍故事梗概。

2.请你们读一读书中1—3页上的文字。思考：王葆是一个怎样的学生呢？

3.就是这样一个整天都希望比别人优秀又不想努力的学生，有一天在钓鱼时却无意中得到了一件宝贝——宝葫芦。在机缘巧合之下，王葆真的得到了宝葫芦，他的心情是怎样的？轻轻读读这段话，看你能读出什么。（大屏幕展示：精彩的内心世界描写。）

（四）感受快乐与烦恼

教师：究竟宝葫芦为王葆做了哪些快乐的事？请同学们用一两句话说一说。

它还给王葆带来了许多麻烦，让人看了啼笑皆非。现在请同学们想一想宝葫芦为王葆添了哪些麻烦？

（五）精彩片段细细品

1.这本书的精彩片段非常多，我们一起来读读吧。

出示文段：

可是，王葆却越来越苦恼，见到同学绕着走，回到家里心乱跳。究竟发生了什么事？

这就是文章的细节，读懂书就是要读懂细节。"不动笔墨不读书"，看书的时候可以手上拿一支笔，看到精彩地方，或者有意思的内容，就在书上做做读书记号；也可以在文章的旁边随时写下你的思考。

2.文中还有很多这样精彩的细节。现在让我们以小组讨论的形式，每个人先拿起笔在书中找一找、画一画，在小组里说一说，然后派代表反馈给全班同学。

（六）体悟道理

1.宝葫芦给王葆添了很多麻烦，最终他怎样做？为什么这样做？

2.你希望得到这样的宝葫芦吗？

3.教师小结。

【设计意图】本课内容有着广阔而深厚的文化背景，努力挖掘本课的教学资源，培养学生阅读童话故事的能力，激发阅读兴趣，让学生的阅读能力在课外阅读中得到锻炼与提升。

模块三　表达交流（1课时）

课时 1

一、学习目标

通过创编故事等训练学生的开放性思维，让学生把学到的语言内化并外显，培养学生空间语言表达能力和小组合作能力。

二、学习过程

（一）多维想象，创编故事情节

回顾王葆为什么想要一个宝葫芦。

课件出示：

"我要是有了一个宝葫芦，我该怎么办？我该要些什么？"

我有几次对着一道算术题发愣，不知道要怎么样列式子，就由"8"字想到了宝葫芦——假如我有这么一个——"那可就省心了"。（遇到困难时想摆脱困境。）

我和同学们比赛种向日葵，我家里的那几棵长得又瘦又长，上面顶着一个小脑袋，可怜巴巴的样儿，比谁的也比不上。我就又想到了那个宝贝："那，我得要一棵最好最好的向日葵，长得再棒也没有的向日葵。"（争强好胜，不肯服输。）

教师小结：原来奶奶每次讲的故事都是不一样的，故事里的人有了宝葫芦后都过上了好日子。而富于幻想的王葆也想过上好日子，所以他也想有个宝葫芦。

板书：过上好日子

（二）聚焦人物，创编故事

教师过渡：一年又一年过去了，王葆也渐渐长大了。有一天，当王葆真的得到一个宝葫芦后，会发生怎样的故事呢？

四人一组合作创编故事《宝葫芦的秘密》。

小组推荐代表上台讲故事。

师生共同评议。

【设计意图】此过程设计意在突破本课教学重难点：由读引入创编故事，让学生在读懂作者精妙的语言的同时，感受童话的奇妙，引导学生仿照奶奶讲宝葫芦的故事的方法，按照自己的想法进行创编故事的练习。通过创编故事，进一步体会童话的神奇。

第三部分　语文实践活动设计

模块一　阅读鉴赏（1课时）

一、学习目标

举办"班级读书会"，阅读《王尔德童话》，挑选其中自己感兴趣的故事编排童话剧，演给大家看。

二、学习过程

（一）小组阅读，回顾故事

回顾《王尔德童话》中的故事，小组选择一个故事进行反复阅读。

（二）改编童话剧

学生分组进行排练，联系生活实际加入动作等，并汇报表演。

【设计意图】联系生活实际，说出自己的亲身经历，与人分享的快乐种子才会在学生的心中生根、发芽、开花。拓展练习的设计，让学生在轻松愉快的阅读实践中学习语文知识，获得情感体验。

模块二　梳理探究（1课时）

一、学习目标

1. 与同学交流阅读童话故事的感受。
2. 在具体的语境中感悟近义词表达的不同的感情色彩。
3. 学习描写季节的句子，练习仿写。

二、学习过程

（一）复习巩固

1. 回顾本单元课文的内容，感知童话的特点。

教师：同学们，本单元选编的课文都是童话故事，通过对这几篇课文的学习，你们感受到童话的特点了吗？读读教材中的文字，我们再来讨论。（课件出示本单元童话相关的内容。）

学生分组讨论，简单记录讨论结果。

教师指名汇报，师生共同探讨"童话中的神奇想象"。

2. 拓展延伸。

教师引导学生进一步感受童话的特点：同学们，我们读了不少童话故事，除了本单元学的这几篇童话故事，你还知道哪些童话故事呢？我们现在就来说一说，进一步感知童话、了解童话。

教师指名回答对童话的认识。

3.教师小结：经过"交流平台"栏目的学习，我们了解了童话故事的特点。

课件出示：

富于幻想。幻想是童话最主要的特征，它的人物是虚构的，环境是假设的，情节是离奇的，这一切都来源于作者丰富的想象。

故事奇妙，情节曲折，妙趣横生，引人入胜。

多采用拟人、夸张、对比等表现手法，使作品更生动形象，使读者感到真实、亲切、有趣。

语言浅显简洁，叙述生动活泼，读起来流畅易懂。

4.教师总结：读童话不但有趣，还能激发我们的幻想，希望课余时间，同学们能多多阅读童话故事，阅读时可以大胆地去想象。

【设计意图】本板块的设计紧扣教材内容，先让学生通过讨论交流了解童话的特点，再联系自己的实际阅读情况回顾交流，进一步感知童话，了解童话的特点。

（二）迁移运用，续写童话

1.学习"词句段运用"第一题，读下面的句子，说说加点的词语有什么不同。

学生自由朗读句子，感悟加点的词语的异同；教师指名读句子。

教师引导学生比较两组句子中加点词语的异同。

教师总结口头语与书面语的不同。

拓展练习，强化学生对口头语与书面语的认识。

2.学习"词句段运用"第二题。

学生自由读句子，思考：这些句子分别是怎样描写冬天的？

板书：怎样描写

学生小组内讨论交流

教师引导学生仿照例句的写法，写一写在其他季节，巨人的花园会发生什么事呢？

教师小结：在平时的学习过程中，同学们要多留意并积累这样的词语和句子，学以致用。

【设计意图】这一板块的教学，主要是通过朗读句子，体会意思相同的词语或句子，学习多种多样的句子表达方式。让学生通过讨论交流，学会在实际的生活和学习中正确运用各种表达方式，突破教学重难点。

模块三　表达交流（1课时）

一、学习目标

举办"童话故事人物展演"活动，交流、分享阅读心得和感悟，在讨论交流中交换意见，丰富理解，更深入地理解童话人物人品性格，感受人物形象，受到真善美的熏陶，体验童话的美好和奇妙。

二、学习过程

（一）交流总结，积累提升

1.教师谈话导入：人们常说"字如其人"，意思就是说，一个人写的字如何，他为人处事的态度就如何。今天这节课我们来学习制作有趣的书签，并在书签上写上自己喜欢的格言。

2.关注书签的书写形式。（课件出示：书签。）

教师指名读书签上的名言。

教师引导学生交流自己喜欢的名言。

教师指导学生观察书签上的名言的书写特点。

教师指名交流后全班交流。

课件出示：

竖写时，要自右向左书写。

字距要均匀。

上下字要对齐。

注意作者名字的位置，使格式更美观。

教师小结：制作书签时，首先将卡纸裁剪成自己喜欢的形状。书写时，要注意竖着自右向左书写，字距要均匀，上下字要对齐，要注意作者名字的位置。

3. 教师范写。

4. 学生选择适合童话人物的名言警句（或自己评价人物），为童话人物制作一张书签卡，在班级展板上进行交流展示。教师巡视，及时指导。

5. 作品展示，评选最佳作品。

【设计意图】通过观察及教师的讲解，让学生明白制作书签时应该注意的问题，加上范写及临摹课本中的书签，进一步提高学生的动手能力，培养学生良好的书写习惯。

（二）学习"日积月累"板块

1. 生自由朗读；师指名朗读，师相机正音。

2. 理解句子。

教师引导：这组句子意思浅显易懂，同学们读完，发现它们的主题跟什么有关呢？

教师示例一组有关读书的名言。

学生反复诵读，积累背诵。

拓展练习。

【设计意图】本组名言浅显易懂，所以教学时，主要是引导学生熟读成诵，同时进行拓展练习，帮助学生积累运用。

（三）总　结

通过这次活动，大家对童话和童话中的人物的真善美的品质有了更深入的了解，希望你们利用以后的课余时间继续阅读童话，让真善美的种子在心中生根发芽！

用心观察，"处处留心皆学问"

——统编版四上第3单元整体教学设计

何 杰 吴继红

【设计理念】

统编教材三年级上册第5单元的习作是"观察"，语文要素是"体会作者是怎样留心观察周围事物的"，三年级下册第4单元习作是"留心观察"，语文要素是"借助关键语句概括一段话的大意"，而四年级上册第3单元习作是在三年级基础上，继续学习"观察"，语文要素是让学生"体会文章准确生动的表达，感受作者连续细致的观察"，也就是说学习用准确生动的语言记录观察发现，而且要连续观察，学写观察日记。除此之外，这一单元还要求学生学习不同的观察方法，像可以用眼睛看，用耳朵听，还可以用心去想，记录观察发现时，可以用图文结合的方法，做表格的方法，或者是绘制思维导图的方法，等等。本单元包括五个部分：导语、课文（精读三篇）、阅读链接、口语交际和习作。在这单元的学习过程中，要注意培养学生连续观察的能力，同时还要关注学生细致的表达，注重学生在课堂上的实践性和交际性。让学生在亲身经历、亲自尝试中经历学习过程，获得学习体验，形成言语能力，并在语境中发展习作的能力，以培养学生习作能力为单元主要目标。这次习作的目标是"试着对某一事物进行连续的观察，用观察日记的形式记录自己的收获，写清楚观察对象的变化，还可以写一写观察的过程、观察者当时的想法和心情"。

【内容简介】

本单元以"处处留心皆学问"为开场白，包含三篇精读课文——《古诗三首》《爬山虎的脚》和《蟋蟀的住宅》，一篇阅读链接——《燕子窝》，口语交际"爱护眼睛，保护视力"，习作"写观察日记"和"语文园地三"。单元导语中明确指出了本单元的学习要求：体会文章准确生动的表达，感受作者连续细致的观察；进行连续观察，学写观察日记。单元开头插图中，两名小学生在大自然中观察、探索多姿多彩的自然景象，给人以透过观察感知美好生活的意境。

《古诗三首》描写了大自然中各种不同的景物——江水、庐山、雪梅，三位诗人通过认真细致、不同角度的观察描写了秋天傍晚江边的奇丽景色；庐山雄伟奇秀、千姿百态；冬天雪花飞舞、梅花怒放的画面。诗人在饱览美景的同时不忘对人生的感悟，抒发对大自然、人生哲理的深刻思考。《爬山虎的脚》是著名作家叶圣陶先生的一篇文章，通过阅读体会作者准确生动的描述，并抓住关键词语体会作者连续细致的观察。课文细致地描写了爬山虎生长的位置、叶子的特点，以及爬山虎是如何"一脚一脚"往上爬的，向我们展示了爬山虎特有的生活习性，表达了作者对爬山虎的喜爱之情。课后的资料袋还教给学生两种观察记录的方法：图文结合和做表格。《蟋蟀的住宅》选自《昆虫记》，作者是法国著名昆虫学家法布尔，他立志做一个为虫子写历史的人，被世人称为"昆虫界的荷马"。学生在三年级下册接触到法布尔的作品《蜜蜂》，对作家及作品有了解，所以学习的兴趣更浓厚。本文通过作者细致而持续地观察，真实生动地介绍了蟋蟀的住宅的特点，以及蟋蟀修建住宅的才能，赞美了蟋蟀吃苦耐劳、不肯随遇而安的精神，表达了作者对蟋蟀的喜爱之情。蟋蟀的成功启示我们：要想拥有属于自己的一片天地，必须要用辛勤的劳动去获取！三篇文章后面的阅读链接《燕子窝》，选自苏联比安基的《森林报·夏》，用日记形式详述了燕子做窝、孵蛋、群燕飞来贺喜、猫爬上屋顶张望燕子窝等情形。作者观察仔细，语言生动有趣，我们也要学会观察，做生活的有心人。文章教会学生连续观察，如何写观察日记，为习作做好了铺垫。口语交际以"爱护眼睛，保护视力"为主题，通过图片了解正确的用眼卫生习惯，调查全班同学的视力情况，分小组分析班里同学的视力情况和影响视力的原因，讨论怎样才能保护好视力。这次口语交际要求学生掌握的方法策略是：注意说话的音量，避免干扰其他小组；不重复别人说过的话；如果想法接近，可以表示认同，再继续补充。这次习作的目标是试着对某一事物进行连续的观察，用观察日记的形式记录自己的收获，写清楚观察对象的变化，还可以写一写过程，观察者当时的想法和心情。"语文园地"的交流平台以本单元课文为依托，继续强化如何细致观察生活，把事物写具体，写准确。通过交流培养学生细致观察的习惯；通过理解加点词语的意思，体会句子表达的意思的不同；通过朗读、背诵等方式积累有关气候的谚语。

【单元目标】

一、核心目标

体会文章准确生动的表达，感受作者连续细致的观察；就某件事进行连续观察，学写观察日记。

二、常规目标

1. 认识 42 个生字，读准 2 个多音字，会写 40 个生字，会写 33 个词语。
2. 能有感情地朗读课文，背诵三首古诗，默写《题西林壁》。
3. 能通过文章准确生动的表达，感受作者连续细致的观察。
4. 能进行连续观察，用观察日记记录观察对象的变化。
5. 积累与气候有关的谚语。

本单元要求能通过文章准确生动的表达，感受作者连续细致的观察。能进行连续观察，用观察日记记录观察对象的变化。循序渐进，引导学生从多方面感受连续性观察。连续观察是一个长期的过程，它强调在观察积累中有所发现。通过本单元课文的学习，既要让学生感受到作者之所以写得准确生动，是因为进行了长期细致的观察，知道作者是怎样进行连续观察的；还要引导学生借助已有的生活经验，在课外进行实地观察，学写观察日记，感受事物的变化过程，体会观察的乐趣，养成连续观察的习惯。

【教学设计】

第一部分 教科书教学设计

模块一 阅读鉴赏（2 课时）

一、学习目标

1. 读熟课文，了解蟋蟀的特点。

2.激发学生观察身边事物的兴趣，初步了解作者的观察角度和方法。

二、学习过程

课时 1

（一）图片导入，激趣揭题

1.（课件出示：蟋蟀图片）同学们，你们知道这是什么昆虫吗？你们知道它的家是怎样的吗？就让我们走进《蟋蟀的住宅》去看看吧。

2.学生介绍作者和蟋蟀这种昆虫。

（二）初读课文，整体感知

1.自由读课文，要求读准字音，读通句子，读顺课文。

2.分小组合作读课文，相互检查读书情况，相互纠正读音，读顺句子。

3.教师指名读课文，评价读书情况。

4.组织学生讨论交流：你对蟋蟀有着怎样的印象？和作者笔下的蟋蟀一样吗？

预设：蟋蟀的住宅之所以这么有名，是因为从选址、建造、使用的工具等方面来说，这座住宅的确算是一项"伟大的工程"。

（三）课时梳理与作业设置

1.课时梳理：引导学生抓住关键词语感受住宅的大小，了解住宅的样子。通过抓关键词来归纳蟋蟀住宅的特点，加深学生对文章的理解。

2.作业设置：结合课文内容，用自己喜欢的方式清晰描述蟋蟀的住宅，比如画图、列表等。

课时 2

（一）复习旧知，导入新课

总结上节课的内容，加深学生的印象；明确本节课的教学重点。

（二）赏读课文，学会观察

1.课件出示问题，学生带着问题阅读文段：蟋蟀的住宅一般会建在什么样的地方？

2.学生认真阅读课文，教师可以根据学生的回答，引导学生联系上下文理解关键词语的意思。如果学生说不清楚，教师可以把课前搜集到的其他昆虫在临时的隐蔽所藏身的资料和同学交流一下，使学生进一步理解蟋蟀的与众不同。

3. 从课文中提取作者的观察方法，探究作者是用什么方法来写蟋蟀的，这样写给人什么感觉。

独立思考，尝试自己提取。

同桌讨论，完善想法。

指名交流，学生在读义的过程中找出关键词句，再在小组内交流。

教师要给小组交流预留充足的时间，让学生运用读句了、说特点等方法，提升自己的概括能力。

4. "蟋蟀的住宅"给你的总体印象是什么？在文中把这句话找出来，谈谈自己的理解。

（三）课时梳理与作业设置

1. 课时梳理：学了本文，你有什么收获？（从课文内容和习作方法两种角度总结。）

2. 作业设置：仔细观察一种小动物，确定观察的角度和方法，写系列观察日记。

模块二　梳理探究（1课时）

一、学习目标

1. 阅读本单元课文，梳理观察身边事物的方法。
2. 激发学生细致观察生活的兴趣。

二、学习过程

（一）梳理观察事物的不同方面

1. 阅读《爬山虎的脚》一课中描写爬山虎生长的地方、模样、颜色和爬山虎的脚的内容，理解这几方面之间的联系，用思维导图的方式呈现自己的理解。

2. 阅读《蟋蟀的住宅》一课中描写选址、特点和挖掘的内容，体会到建造这项伟大的工程要花很长时间。

（二）梳理观察动植物外形的顺序

1.回顾《爬山虎的脚》中爬山虎一步一步向上爬的描写顺序，以及《蟋蟀的住宅》中蟋蟀挖掘洞穴的过程，体会作者细致认真的观察和有顺序的描写。

2.用图表、文字、绘画等方式将自己的理解表现出来，分小组汇报、交流。

（三）梳理观察事物后的描写方法

1.通过这一单元的学习，联系三年级学习的观察单元，你有什么收获？

2.课堂总结：以思维导图的方式总结观察事物的方法。

3.作业布置：自主阅读链接中的文章，深入体会作者细致的观察、生动的描写。

模块三　表达交流（2课时）

一、学习目标

1.培养孩子们观察的兴趣，养成留心观察周围事物的好习惯。

2.让学生写下观察中新的发现，或是观察中发生的事情。

3.了解观察日记的写法，也试着写观察日记，练习修改习作。

4.交流展示自己的观察内容，拓展观察思路。

二、学习过程

课时1

（一）激发观察兴趣

出示关于观察的名言：

仁慈的上帝赐给我们两耳和双眼，为的是世上发生的一切，我们应该耳闻目见。——高尔基

观察对于儿童之必不可少，正如阳光、空气、水分对于植物之必不可少一样。在这里，观察是智慧的最重要的能源。——苏霍姆林斯基

（二）留意身边事物

1.通过小视频引导学生留心观察我们身边的事物，会发现很多有意思的

事情，扩展思考的角度。

2.交流我们身边可以观察的事物，谈谈自己的发现。

（三）回顾观察事物的方法

1.读儿歌。

我有六件宝，观察少不了。

眼睛看得明，耳朵听得清。

鼻子闻气味，嘴巴尝味道。

双手摸一摸，大脑细思考。

用好六件宝，奥妙全知道。

你从儿歌中找到了哪些观察方法？

2.教师小结。

动眼——用眼睛观察生活。

动耳——用耳朵去倾听世界的窃窃私语。

动脑——让大脑帮助整理看到和听到的东西。

动口——把看到的、听到的、想到的说出来，而后才动笔习作。

动手——亲自动手实践，体验观察的乐趣，积累写作素材。

（四）习作指导

1.可以写什么？

出示教材中的图片：

观察种子发芽的过程；记录树叶颜色的变化；观察月亮变化的过程；观察家里养的猫。

可以写四季的美景，气候变化的特点；可以写风雨雷电等自然现象；可以写植物的生长过程和动物的生活习性；还可以写周围动人的事迹等。

如果是水果类，指导学生在全面细致观察的基础上，说说先观察什么，再观察什么，最后观察什么，并说说自己每步观察的结果。同时，启发学生调动各种感官去认识事物、感知事物，可以闻，可以吃，可以发挥想象等。

如果是观察植物，引导学生要观察它的干、茎、叶等各部分的特点，生长习性等，要仔细观察它的花、茎、叶、枝，对这株植物各个部分的形状、颜色、姿态做全面地了解。还可用鼻子闻一闻花散发出来的香味。

如果观察动物，就要观察动物的外形，生活习惯等特点。

2.怎样写观察日记?

读苏联比安基的《森林报·夏》中的两则日记,找出能体现作者观察细致的语句,说说你的体会。

思考自己的习作内容:分小组讨论。

列出写作提纲。

3.独立完成观察日记。

课时 2

(一)复习观察方法

1.回顾上节课学习的观察事物的方法。

2.举例说说自己习作中运用的观察方法。

(二)提出评价标准

1.出示本次习作评价的等级标准。

2.学生提出疑问,师给予解释说明。

3.教师示范评价:选择不同等级的典型习作,师示范点评,给出等级。

(三)习作修改

学生根据评价标准尝试修改习作。

(四)分享习作

1.同桌互相读自己的习作,提出修改意见。

2.评选优秀习作全班分享。

3.集体点评优秀习作。

第二部分　读整本书教学设计

模块一　阅读鉴赏(1课时)

一、学习目标

1.引导学生运用浏览、跳读等读书方法阅读《昆虫记》选文,走进昆虫王国,领略神奇世界,感受自然魅力。

2.结合《昆虫记》选文,体会法布尔的文笔及其观察力,感受他对大自然与生命的尊重与热爱之情，激发学生阅读《昆虫记》的兴趣。

二、学习过程

（一）采访谈话，引出名著

1. 教师采访同学喜欢什么昆虫，生说出名称和理由。

2. 学生互相采访。

3. 教师小结昆虫的世界到底是什么样的：法国一位著名的昆虫学家倾尽一生去观察昆虫，记录昆虫的秘密，最后为我们留下了一本被誉为"昆虫史诗"的传世佳作，它就是《昆虫记》。请根据书的名字，猜一猜全书可能记录了什么。

（二）学习常识，了解名著

1. 讨论：在最短的时间里，怎样了解整本书的内容，你有什么好方法？

2. 归纳：从封面、目录、插图、简介等方面了解。

3. 介绍作者以及创作背景。

（三）赏析美文，品读名著

片段一：《红蚂蚁》

1. 出示图片：它是谁？（课件出示：红蚂蚁。）

2. 你瞧，红蚂蚁们雄赳赳、气昂昂地到哪里去？去干什么呢？（学生大胆猜测，快速了解阅读内容，获取有效信息。）

3. 学生自由阅读然后自由交流。

4. 教师小结：用浏览的方法阅读，体会这种阅读方法的好处。

片段二：《横着走路的蟹蛛》

1. 学生自由猜测。

2. 你最想了解蟹蛛的哪些秘密？（小组合作学习。）

3. 推荐一种阅读方法——跳读。（课件出示：阅读方法。）

解释：直接选择关键内容就是选择和问题有关的内容，其他内容跳过不读的方法。

4. 小组合作学习，学生自由读，读完以后小组内交流。然后汇报。

（四）总结延伸，深入名著

1. 课时梳理：介绍法布尔写这部名著的过程。

2.作业布置：学生提出自己的想法，制定阅读《昆虫记》的计划。

模块二　梳理探究（1课时）

一、学习目标

1.梳理《昆虫记》的内容，使学生整体了解这部名著。

2.激发学生对《昆虫记》的阅读兴趣，产生深入阅读的想法。

3.借助《昆虫记》精彩片段体会语言文字的特点，提高阅读能力。

二、学习过程

（一）了解作家作品

1.学生借助搜集到的资料，介绍作者法布尔。

2.教师给予资料补充。

（二）梳理主要内容

1.阅读目录，整体了解本书主要内容。

2.分小组给目录分类，集中讨论，说说分类的理由。

（三）语言特点

1.出示文中的经典片段，学生品读。

2.讨论交流本书的语言特点，并举例说明。

（四）经典情节

1.找出入选语文课本的内容，阅读后指出不同之处。

2.采取读后感、绘画、思维导图等方式描述经典情节。

模块三　表达交流（1课时）

一、学习目标

学生通过观察身边熟悉的小动物，培养留心观察身边生活的习惯，能够把所见、所闻、所想、所感写进自己的文章中。

二、学习过程

分享自己喜欢的一篇描写动物的文章，说明喜欢的理由。

仿照作者的观察方法，尝试介绍一种动物：独立完成，可以用图文结合的方式。

小组展示：介绍自己作品；分别评价作品；展示优秀作品。

总结延伸：留心观察身边的事物，学会按一定的顺序观察，相信你会有更多有趣的发现。

第三部分　语文实践活动设计

模块一　阅读鉴赏（1课时）

一、学习目标

1. 利用本单元课文内容的精彩片段，回顾连续观察的方法和要点。

2. 居家期间泡豆子、泡蒜苗，自由选取文字记录法、图文结合法、表格法等方法进一步感悟连续观察对准确生动表达的作用。

二、活动过程

（一）回顾课文中细致观察表达生动的片段

回顾这单元学的连续细致观察的片段，反复读。

（二）利用自己泡豆子或泡蒜苗的经验感悟连续观察的作用

1. 自己确定观察对象。

连续观察时注意：

观察目的要明确。

观察要全面细致。

观察要持之以恒。

观察日记的语言要准确。

表现的形式需要注意：

选取自己认为最得心应手的表达方式。

文字记录法、图文结合法、表格法可以穿插使用。

2. 小组研究修改。

（三）展示交流

1. 小组内推荐展示优秀的观察日记。

2. 全班同学评价。

（四）总　结

通过这次活动，进一步体会到"连续细致的观察"对"文章准确生动表达"的作用，培养了留心观察周围事物的习惯，能够将观察到的内容完整、生动地表达出来。

模块二　梳理探究（1 课时）

一、学习目标

通过语文实践活动，梳理出连续观察方法，体会其准确生动的表达效果。

二、活动过程

（一）复习巩固

通过这次语文实践活动，你学到了进行连续观察的方法吗？

学生交流补充

（二）梳理构建方法图

1. 自己总结连续观察的方法。（文字、图文、表格……）

2. 以小组为单元评价。

3. 展示连续观察方法图，学生评价。

（三）小　结

通过今天的学习，我们知道了进行连续观察的重要性，它对文章的准确生动表达起着至关重要的作用。今后我们也要学会连续细致观察，提高我们的表达能力。

模块三 表达交流（1课时）

一、学习目标

学生回顾泡豆子、泡蒜苗的过程，深化通过连续观察进行细致生动的描写，从而培养自身的观察能力及表达能力。

二、活动过程

（一）检查准备情况

1. 整理自己连续观察的成果。（文字、图文结合、表格）

2. 展示照片或绘制的图表。

（二）展示评价

1. 展示自己通过连续观察进行的记录。

2. 通过豆苗或蒜芽的变化细致描写感受。

3. 同学评价，发表建议。

4. 选出优秀组，贴星鼓励。

（三）总 结

通过这次活动，大家对连续观察、细致生动地描写掌握得更深入了！希望你们有一双善于发现的眼睛，发现生活的美好，描摹美好的生活。

第二章

教“广”篇

满满童年事，浓浓真情意

——统编版五下第 1 单元整体教学设计

张雨濛

【设计理念】

本单元以"童年往事"为主题。本单元的语文要素是"体会课文表达的思想感情"。此前的教材中，已经安排过"抓住关键语句，初步体会课文表达的思想感情""初步了解课文借助具体事物抒发感情的方法""体会作者描写的场景、细节中蕴含的感情"等语文要素，学生掌握了一些体会课文思想感情的方法。本单元意在让学生运用已经掌握的方法体会课文表达的思想感情。本单元课文引导学生走进不同年代、不同人物的童年生活，品味他们对童年的深刻记忆，体会其中浓浓的情意，并关注自己正在经历的童年生活。

这一单元的教学设计要以学生已有的阅读体验为基础，把握好体会课文思想感情的要求，不宜过度解读文本。要引导学生结合具体的语言文字体会思想感情，不要以贴标签或下定义的方式将思想感情生硬地灌输给学生。引导学生体会课文表达的思想感情，方法要因文而异，针对不同风格、不同内容的文本采取不同的方式，不要模式化。要注意的是本单元的口语交际，要注意提前布置，在单元教学之初就指导学生在课外与大人交流并做记录，而后再以整理的记录为基础展开课堂上的交流。

【内容简介】

围绕语文要素，本单元安排了两篇精读课文、两篇略读课文。这四篇课文，呈现了不同的表达思想感情的方法，课后题、学习提示做了相应的引导。《祖父的园子》一文将感情蕴含在园中的花朵、虫子、鸟儿等具体事物中；《月是故乡明》中典型的事例和直抒胸臆的语句表达了作者强烈的思乡之情；

《梅花魂》通过一些事例、细节表现了外祖父对祖国的思念之情。此外，《祖父的园子》课后的"阅读链接"补充了整本书的结尾，引导学生更深入地体会课文表达的思想感情，获得更加丰富的阅读体验。"交流平台"引导学生梳理、总结"体会课文表达的思想感情"的阅读经验，"词句段运用"的第二题还安排了体会语句表达强烈感情的方法并仿写的练习活动。

本单元的习作要求是"把一件事的重点部分写具体"。习作话题"那一刻，我长大了"从单元主题"童年往事"延伸而来，让学生在了解他人童年的同时，关注自己的成长历程。本单元课文引导学生体会作者的思想感情，习作引导学生写清楚成长过程中印象最深的一件事的经过，并把受到触动、感到长大的"那一刻"写具体，表达自己的真情实感，体现了读与写的结合。

【单元目标】

一、核心目标

1. 正确、流利、有感情地朗读课文。

2. 能运用学过的方法，体会课文表达的思想感情。

3. 能把感到长大的"那一刻"的情形写具体，记录真实感受。

二、常规目标

1. 随文学习生字、词语。认识"昼、耘、蚱、晴、徘"等 41 个生字，读准"供、晃、燕" 3 个多音字，会写"蝴、蚂、桑、晓"等 18 个字，会写"蝴蝶、蜻蜓"等 10 个词语。

2. 正确、流利、有感情地朗读课文。背诵三首古诗。默写《四时田园杂兴（其三十一）》。

3. 能运用学过的方法，体会课文表达的思想感情。

4. 能想象并说出诗句描绘的情景，体会其中的童真童趣。

5. 能根据需要向别人提出不同的问题。能认真倾听别人对自己提问的回答，交流时能边听边记录，并能根据整理的记录有条理地表达。

6. 能从自己的成长经历中选择一件印象最深的事，把事情的经过写清楚。并且能把感到长大的"那一刻"的情形写具体，记录真实感受。

7.在阅读《呼兰河传》的过程中，运用学过的方法，体会作家的思想情感。

【教学设计】

第一部分 教科书教学设计

模块一 阅读鉴赏（2课时）

一、学习目标

1.学习生字、词语。

2.能正确、流利、有感情地朗读课文。概括课文主要内容，分出部分。

3.关注不同体裁课文表达思想感情的方法，体会作者内心感情。

4.结合页下注释，理解三首古诗的意思。

二、学习过程

课时1

（一）单元整体，主题引入

1.关注单元导语，说说本单元的主题是什么，单元要素是什么。

2.根据课前预习，简要说一说本单元通过什么，写出了他们对童年的深刻印象，表达了怎样的情感。

（二）初读课文，读准字音

1."开火车"读本单元的认读生字，读准字音。

2.小组学习课后要求会写的生字，交流重点笔画、偏僻部首、多音字补充读音。

3.正确、流利地朗读课文。

4.初步体会作者表达的思想感情，在文中做批注。

（三）课时梳理，作业布置

1.课时梳理：梳理本单元的重点难点生字。

2.作业布置：读课文，试着概括课文的主要内容，试着品味作者对童年的深刻印象，并体会其中浓浓的情意。

课时 2

（一）复习巩固，预习反馈

1.听写词语、对书订正。

2.预习作业订正：说说每篇课文讲了一件什么事，你是怎么分部分的。

试着说一说作者对童年的深刻印象，以及作者表达思想情感的方法。

（二）理解诗意，想象画面

1.小组合作学习三首古诗，结合页下注释和工具书说说古诗的意思。

2.朗读诗句，想象画面，体会其中的童真童趣。

3.利用诗中描绘的情景，背诵全诗。尝试默写《四时田园杂兴（其三十一）》。

（三）课时梳理，作业布置

1.课时梳理：说出诗中描绘的情景，体会其中的童真童趣。

2.作业布置：默写《四时田园杂兴（其三十一）》。

模块二 梳理探究（3课时）

一、学习目标

1.结合课文内容，找出文中相对应的语句，体会作者想表达的思想感情。

2.引导学生思考、归纳及体会不同的表达思想情感的方法。

3.能从"交流平台""词句段运用"中进一步总结阅读经验，体会语句表达强烈情感的方法。

二、学习过程

课时 1

（一）再入古诗，体会童趣

1.复习三首古诗，结合诗句内容、关键词和插图想象画面。

2.从重点句入手体会诗人的童真童趣。

（二）日积月累，拓展练习

1.默读"日积月累"中的古诗，小组合作、理解诗句意思。

2.想象诗句描写的画面，体会诗人的内心情感。

（三）课时梳理，作业布置

1.课时梳理：梳理古诗表达的诗人情感。

2.作业布置：思考祖父的园子里有些什么，"我"和祖父在院子里做了什么？试着体会作者表达的思想感情。

课时 2

（一）圈画词语，合理想象

1.分别画出祖父的园子里有些什么，"我"和祖父在院子里做了什么。试着体会作者表达的思想感情，在文中做批注。

2.想象画面，体会"我"的快乐和自由。

3.阅读描写祖父动作、语言、神态的语句，体会祖父的慈爱。

4.阅读"阅读链接"中的文章，画出表达作者情感的语句，在文中做批注，说一说对课文的新的体会。

5.运用所学的方法，根据自学提示，学习《月是故乡明》。画出作者由月亮想到了哪些往事，抒发了哪些情感。然后归纳出本课作者表达思想感情的方法。

（二）课时梳理，作业布置

1.课时梳理：梳理作者表达思想感情的方法。

《祖父的园子》：寓情于景。联系生活实际，想象、朗读等。

《月是故乡明》：描绘画面，在对比中叙述经历，直接抒情。

2.作业布置：回顾前两篇课文作者表达思想感情的方法，运用这些方法，深入体会《梅花魂》中作者表达的思想感情。

课时 3

（一）自主学习，体会情感

1.回顾前两篇课文作者表达思想感情的方法，运用这些方法，体会本文作者表达的思想感情，在文中做批注。

2.小组交流汇报，从外祖父言行的直接描写中感受到情感。也可将自己想象成文中的"我"，体会"我"与外祖父交流时的内心活动。

3.谈一谈对题目《梅花魂》的理解。

4.结合"词句段运用"中的句子表达的特点，体会它们的表达效果。

（二）语文园地，总结提升

1.结合"交流平台"，学生通过交流，概括作者表达思想情感的方法。

2.引导学说说还有没有其他表达思想感情的方法。

3.师生共同总结小妙招。

（三）借助情景，学习仿写

词句段运用一：

引导学生默读例句，思考每例写了什么。有感情地朗读句子，边读边想象情景，全班交流。

引导学生发现它们的相似之处。

引导学生读一读六个词语，说出每个词语具有的特点，再选择一种情景说一说。

全班交流分享，小组、全班互评。

词句段运用二：

引导学生逐句朗读，边读边思考、概括句子的意思。

发现作者在表达上的相似之处与不同之处。

引导学生思考，自己想表达对什么事物的感情，试着分享给大家。

选择文中句段进行仿写，全班交流、互评。

模块三　表达交流（2课时）

一、学习目标

1.能根据需要向别人提出不同的问题。能认真倾听别人对自己提问的回答，交流时能边听边记录。并能根据整理的记录有条理地表达。

2.能从自己的成长经历中选择一件印象最深的事，把事情的经过写清楚。

3.能把感到长大的"那一刻"的情形写具体，记录真实感受。

二、教学过程

课时 1：口语交际

（一）学习方法，创设情景

1. 帮助学生读懂教材中的两个例子。

2. 引导学生总结边听边记录的基本技巧。

3. 让学生以"走进老师的童年岁月"为话题，与老师交流，边听边记录，进行课堂演练。

（二）课外了解大人们的童年生活

1. 学生在课外与大人展开交流，做记录。

2. 教师查看学生的问题清单和记录，找出存在的问题。

3. 教师对于存在的问题进行二次指导。

（三）师生交流，共同评价

1. 引导学生将记录分类整理，让话题集中，表达内容有序。

2. 引导学生对发言内容进行简单排序。

3. 组织进行小组自评、学生互评、师生互评。

课时 2：习 作

（一）回忆交流，选取素材

1. 布置课前作业，让学生翻阅记录成长经过的相册、日记等，回忆成长经历。

2. 让学生自己交流成长经历中印象最深刻的事，试着说一说哪个时刻让自己感到了成长。

3. 明确本次习作的要求：不仅要把事情写下来，还要把感到长大的"那一刻"的情形写具体。

（二）厘清思路，了解方法

1. 读教材中的提示，说说从中感受到了人物怎样的状态，又是从哪些地方感受到的。

2. 总结方法：写清事情发展过程及自己的内心感受，重点内容详细叙述。

（三）构思立意，列出提纲

1. 列出比较详细的写作提纲。

2. 同桌、全班互相讨论，提出修改建议。

（四）自主习作，互相修改

1. 自主完成习作。

2. 同桌互读，评议修改。

第二部分　读整本书教学设计——《呼兰河传》

模块一　阅读鉴赏（1 课时）

一、学习目标

1. 通过阅读《呼兰河传》，培养学生的阅读兴趣。

2. 品味作品诗化的语言，体会充满童趣的景物描写，以及儿童天真烂漫的个性。

3. 体会作者对自由自在生活的向往和对人性美的追求。

二、学习过程

（一）激发兴趣，揭示题目

1.（课件出示：曹植《洛神赋》）同学们，都说文字能够传情达意，大家读读这段话，你读懂了什么？（写的是一位女子。）是呀，这的确写的是一位女子，她有羞花闭月之貌，沉鱼落雁之容，知道这个女子是谁吗？这段文字出自三国西晋时期的著名诗人曹植，这个女子被人们称为"洛神"。一日，曹植回朝拜见天子，路经洛河，见到一女子，清纯得就像是早晨刚初升的朝阳，婀娜得宛如池中亭亭玉立的荷花，简直就是一个仙子，于是就作了名篇《洛神赋》。

2. 有这样一位女作家，被鲁迅称为 20 世纪 30 年代的洛神。她就是《呼兰河传》的作者萧红。这节课就让我们走近萧红，走近她弥留之际的心灵写真——《呼兰河传》。

（二）初读浏览，整体感知

1. 学生说说萧红笔下的呼兰河城是什么样的。

2. 引导学生说一说读文后的感受。

3. 教师出示相关资料，了解《呼兰河传》的作者和她的作品。

（三）聚焦重点，掀开面纱

1. 人物素描。

《呼兰河传》中有这样的一群人是悲哀的、落寞的。你来描述，我来猜猜他是谁。

学生描述书中人物，老师猜名字。

2. 小城人的"看客"精神。

教师引导学生交流，说出自己的体会。

用九页的文字描写东二道街的大泥坑。

描写了小城的盛举跳大神。

团圆媳妇的遭遇。

（四）总结延伸，激趣阅读

总结：这就是那个特定年代的"我"的父老乡亲们的生活，他们"只是为了活着而活着，为了死去而死去"，麻木地活着，萧红用她的文字倾吐了一曲最凄凉最悲怨的歌谣。这凄婉的歌谣里还有谁？萧红的童年生活是怎样的呢？

模块二　梳理探究（1课时）

一、学习目标

1. 从多个角度感受萧红的童年生活。

2. 抓住书中打动人心的精彩细节，交流阅读感受，加深对作品的理解，感受作者表达的情感。

二、学习过程

（一）萧红的童年是快乐的

引导学生找出从哪看出作者童年时是快乐的，批画出相关的内容。

1.后花园是我快乐的天地。

2.祖父是我的"忘年交"。

（二）萧红的童年是寂寞的

出示结尾相关语段：我生的时候，祖父已经六十多岁了，我长到四五岁，祖父就快七十了。我还没有长到二十岁，祖父就七八十岁了。祖父一过了八十，祖父就死了。

1.引导学生思考：这句话描绘了萧红的童年是怎么样的？你有什么感受？

2.引导学生画出描写童年是寂寞的语句。

我祖母有三个女儿，到我长起来时，她们都早已出嫁了。可见二三十年就没有小孩子了。而今也只有我一个。

家里边的人越多，我就越寂寞。

我家是很荒凉的。

我家的院子是很荒凉的。

街上虽然热闹起来了，而我家里则仍是静悄悄的。哪怕就是到了正午，也仍是静悄悄的。

我玩的时候，除了在后花园里，有祖父陪着，其余玩法，就只有我自己了。

3.教师总结：是呀，萧红笔下流泻的每一个文字都烙印着或淡淡或哀哀的伤感。

模块三　表达交流（1课时）

一、学习目标

1.细数《呼兰河传》的魅力。

2.体会作者表现情感的方法并进行仿写。

二、学习过程

（一）细数魅力，体会情感

1.独特的风景，独特的风情。

2.栩栩如生的人物形象。

3. 优美的语言。

教师总结：同学们，这就是萧红笔下的童年。它触动了我们心灵深处那最柔软、温暖的部分。要知道，人的一生，不管经历怎样的长途跋涉，童年或许就是"后花园"，那里有故乡，有朋友，有父亲母亲，有兄弟姐妹……有让一个人一直走下去的勇气和信心。请你选取一个令你感受最深的表达情感的方法，试着仿写课文句段。

（二）借鉴方法，学写片段

1. 自拟立意。

2. 交流、修改。

3. 评价。

第三部分　语文实践活动设计

模块一　阅读鉴赏（1课时）

一、学习目标

1. 能结合已经掌握的体会课文思想感情的方法，搜集课外文章，说一说作者是怎样表达思想感情的。

2. 小组合作，通过交流展示，进一步巩固拓展方法。

二、学习过程

（一）复习方法，明确要求

1. 回顾本单元的课文内容，说说作者表达思想感情的方法。

2. 明确本次活动的要求：以小组为单位分工合作，共同研读一篇文章，通过关键语句或者片段找出作者表达思想感情的方法，分享给全班同学。

（二）小组分工，选择内容

1. 以小组为单位选择一篇文章。

2. 小组分工：搜集、阅读、批画、讲述。

（三）梳理总结，归纳提升

我们通过小组分工确定了任务，课下请每个小组选取一篇文章，将课文内容进行梳理，简要叙述作者表达的思想感情。

模块二　梳理探究（1课时）

一、学习目标

能初步体会文章的写作背景、主要内容等，为下面的交流做铺垫。

二、学习过程

（一）小组合作，集思广益

1.小组成员共同研读一篇文章，需要讲解文章的写作背景、作品主要内容、简单叙述作者想要表达的思想感情。

2.将小组交流成果进行梳理，准备展示。

（二）全班展示，互相评议

1.分小组交流你们组准备的内容。

2.同学评价、提出修改建议。

（三）梳理总结，归纳提升

我们各组同学简要地为大家呈现了他们共同阅读的一篇文章。为大家讲解了文章的写作背景、作品主要内容，简单地叙述了作者想要表达的思想感情。相信在同学们的评价中各组知道了自己的不足，希望课下各组进行修改。在课余时间总结你们是通过什么方法体会到作者表达了什么情感的，准备我们接下来的展示交流。

模块三　表达交流（1课时）

一、学习目标

能说出文章中作者表达思想感情的方法，进一步巩固拓展，提升表达力。

二、学习过程

（一）检查准备，宣布开幕

1.准备好交流需要的材料：PPT、文稿等。

2.讲清活动要求、评价标准。

（二）交流，进行评价

1.以小组为单位，分享表达情感的方法。

2.同学评议，发表建议。

（三）梳理总结，归纳提升

1.学生总结六个组分别讲述的体会表达情感的方法。

2.选出优秀组，进行鼓励。

通过本次活动，同学们掌握了体会课文思想感情的方法，能够仿写课文片段。希望同学们在今后的学习中，灵活地运用这些方法体会作者的思想感情。

初学名著阅读方法，产生浓厚阅读兴趣

——统编版五下第 2 单元整体教学设计

李　萌

【设计理念】

五年级下册第 2 单元是阅读名著单元，本单元以"走进中国古典名著"为主题。本单元的语文要素是"初步学习阅读古典名著的方法"。这是小学阶段第一次集中安排古典名著学习，学生理解内容有一定难度，所以在本单元的学习中要引导学生掌握一些阅读古典名著的方法，从而减轻学生的畏难情绪，让阅读变得顺畅。本单元的教学设计意在带领学生走进中国古典名著，初步学习阅读古典名著的方法，产生阅读名著的兴趣。

这一单元的教学设计要重视兴趣的激发。在教学中适度结合相关影视资源、创设多种方式的读书交流活动，如讲故事、演课本剧，让阅读古典名著变得更有趣味。还可以结合"快乐读书吧"，引导学生将课内学到的阅读方法迁移到课外阅读中，全面感受古典名著魅力，培养阅读名著的兴趣。除此之外，还要避免拔高要求。这个单元的四篇课文，除了《草船借箭》是根据原著相关内容改写的以外，其他三篇均是原著节选，有些语句理解起来难度较大。要从学生的实际出发，允许学生囫囵吞枣地读，能读下去是关键，尽量保护学生的阅读兴趣。对古典名著中的一些难理解的语句，引导学生联系上下文和自己的积累，大致猜出意思即可，不需要细究，也不要求学生理解所有语句。对古典名著中的人物形象、文学价值等，在这一阶段不必深入解读。只要学生掌握基本阅读名著的方法并能从文本中得到阅读名著的兴趣即可。

【 内容简介 】

围绕着语文要素,本单元安排了两篇精读课文、两篇略读课文。本单元的课文,从根据名著改写的现代文到原著节选,体现了由易到难的编排顺序,并提示学生遇到不明白的地方,可以猜测大致的意思再接着读下去。其中两篇精读课文,语言各有特色。《草船借箭》是根据《三国演义》的相关情节改写的,讲述了诸葛亮巧施妙计向曹操"借箭"的故事。《景阳冈》选自《水浒传》,本文在语言上体现出古代白话小说的鲜明特点,有些表达方式与现代汉语有一定区别,有些词语在现代汉语中已经很少使用,需要老师帮着解释、突破。两篇略读课文分别选自《西游记》和《红楼梦》。《猴王出世》主要写了一块仙石孕育出孙悟空的时候发现水帘洞,被群猴拜为猴王的故事。《红楼春趣》讲述了宝玉等人在大观园里放风筝的故事。本组课文意在带领学生走进中国古典名著,初步学习阅读古典名著的方法,产生阅读古典名著的兴趣。此外,《草船借箭》课后的"阅读链接"提供了与课文内容相对应的原著片段,《景阳冈》课后的"资料袋"提供了原著的相关介绍。"交流平台"对阅读名著的方法做了归纳和小结。"词句段运用"一方面让学生回忆运用多种方法猜测语句意思的经验,巩固古典名著的阅读方法;另一方面通过"猜人物"的活动,进一步激发学生阅读古典名著的兴趣。"学习读后感"要求学生把读过一篇文章或一本书后产生的感想写下来,关注阅读过程中产生的思考与感受,并清楚地表达出来。"快乐读书吧"推荐阅读整本的中国古典名著,运用本单元所学的阅读方法进行延伸阅读,产生阅读古典名著的兴趣。

【 单元目标 】

一、核心目标

通过阅读课文内容,初步学习阅读古典名著的方法,产生阅读古典名著的兴趣。

二、常规目标

1.随文学习生字、词语。认识"瑜、忌、锤、泊"等51个生字,读准多音字"绰、呵、泊、喇",会写"妒、曹、冈、饥"等26个字,会写"委托、照办、寻思、耻笑"等17个词语。

2.通过阅读课文,能初步了解阅读古典名著的方法,把握课文的主要内容,感受主要任务的特点。

3.能主持关于"怎么表演课本剧"的讨论,引导每个人积极参与讨论,发表意见,并通过协商形成一致的看法。参与讨论时,能认真听取别人的意见,尊重大家的共同决定。

4.能初步了解写读后感的基本方法。

5.能选择读过的一篇文章或一本书写读后感。

6.能交流、总结阅读古典名著的基本方法,能说出古典名著中常用事物名称的大致意思,能回顾、总结、猜测古典名著中词语意思的方法,能根据古典名著中的外貌描写猜测所写的人物,并能说明理由。

7.能产生阅读中国古典名著的兴趣,了解故事内容,乐于与大家分享课外阅读的成果。

【教学设计】

第一部分　教科书教学设计

模块一　阅读鉴赏（2课时）

一、学习目标

1.学习生字、词语。

2.默读课文,能按照文章顺序说出故事的主要内容。

3.遇到不理解的词语,能大致猜测意思,交流猜测方法。

二、学习过程

课时1

（一）关注人物,激发兴趣

1.通过课前预习,说说本单元课文重点写了哪几个人物,你对他们有哪些了解,你还知道他们的哪些故事。

2. 这几个人物出自哪几本名著呢？你知道这些名著的作者吗？

3. 你还知道哪些名著中的人物？

4. 关注单元导语，总结本单元的学习重点。

（二）初读课文，读准字音

1. "开火车"读本单元的认读生字，读准字音。

2. 小组学习课后要求会写的生字，交流重点笔画、偏僻部首、多音字补充读音。

3. 初读课文，画出你不理解的字、词、句，试着猜测意思，思考你的猜测方法。

（三）课时梳理，作业布置

1. 课时梳理：梳理四大名著的作者、朝代，梳理名著中典型的人物以及相关的经典故事。

2. 作业布置：读课文，思考课文的主要内容。

课时 2

（一）提出质疑，总结方法

1. 听写词语、对书订正。

2. 说说课文中你不理解的词语，同学之间互提互答。补充"词句段运用"中的词语意思。

3. 交流你是怎么猜测出难词的意思的。

（二）预习反馈，说清主内

1. 默读课文，回顾课文的主要内容，分小组说说课文讲了一件什么事。

2. 全班交流，按照事情的发展大致说出课文的主要内容。

（三）课时梳理，作业布置

1. 课时梳理：总结理解名著中难词的方法。

2. 作业布置：

猜测"词句段运用"中加点词的意思，说说你的理由。

完成"词句段运用"中猜测人物形象的练习。

模块二　梳理探究（2课时）

一、学习目标

1.能对课文中的人物做简单评价，并说明理由。

2.结合"快乐读书吧"的内容激发学生阅读名著的兴趣。

二、学习过程

课时1

（一）评价人物，说明理由

1.自主感悟：通过描写人物言行的关键语句，体会周瑜、诸葛亮、曹操、鲁肃等人物的性格特点。

2.结合重点语句，体会武松的性格特点，尝试多角度评价武松这个人物。

3.自主感悟交流对石猴、贾宝玉的印象。

（二）课时梳理，作业布置

1.课时梳理：梳理重点人物形象。

2.作业布置：制作人物卡。

课时2

（一）阅读链接，拓展阅读

1.默读"阅读链接"，找找与课文相对应的段落。

2.阅读"资料袋"，说说你读懂了什么。

（二）快乐读书，激发兴趣

1.结合"快乐读书吧"的内容，说说你最想读哪本名著以及为什么。

2.推荐阅读《西游记》，说说你了解的西游记中的故事。

3.播放《西游记视频》激发学生的阅读兴趣。

模块三　表达交流（3课时）

一、学习目标

1.能用自己的话说出课文的主要故事情节。

2. 能主持关于"怎么表演课本剧"的讨论，引导每个人积极参与讨论，发表意见，并通过协商形成一致的看法。参与讨论时，能认真听取别人的意见，尊重大家的共同决定。

3. 初步了解写读后感的基本方法，能选择度过的一篇文章或一本书写读后感。

二、教学过程

课时 1

（一）回顾课文，复述情节

1. 以《猴王出世》为例，尝试用自己的话说说石猴出世以及成为猴王的过程。

2. 结合"口语交际"，思考如何将课文中的故事讲精彩。

（二）交流方法，练习复述

1. 讨论将课文故事讲精彩的方法。

2. 梳理武松打虎的经过，尝试用所学的方法详细复述武松打虎的故事。

（三）课时梳理，作业布置

1. 课时梳理：梳理武松打虎的经过，梳理讲故事的方法。

2. 作业布置：小组合作，尝试表演"武松打虎"这个片段。

课时 2

（一）口语交际，讨论交流

1. 创设交际语境，激发交际兴趣。

2. 了解讨论内容，明确讨论标准。

3. 分组交流，展开讨论。

（二）汇报演出，评比最佳

1. 以"武松打虎"片段为例，小组排练课本剧。

2. 小组展示，共同评价。

（三）课时梳理，作业布置

1. 课时梳理：如何演好课本剧。

2. 作业布置：选择自己印象最深的一篇文章或者一本书。

课时 3

（一）习作指导，明确方向

1.阅读教材第一部分，针对教材中提到的三个例子，说说自己在阅读过程中是否也有过这样的感想。

2.同学之间可以聊聊最近读过的书、学习过的课文，引导学生从人物、主题、感情等方面思考自己有哪些感想。

3.读读教材第二部分，思考并交流：读后感可以写哪些内容？一般先写什么，后写什么？

4.学习列提纲，提示学生"清楚、具体地表达读后的感想"是本次习作的重点。

（二）例文欣赏，学习方法

1.出示例文，思考并交流：例文写了什么内容？是从哪个角度来写感想的？哪些内容让你感同身受？运用了哪些方法写出自己的感想？

2.总结写读后感的方法。

（三）自主习作，互相修改

1.自主完成习作。

2.同桌互读习作，评议修改。

第二部分　读整本书教学设计——《西游记》

模块一　阅读鉴赏（1 课时）

一、学习目标

1.通过导读，激发学生阅读《西游记》的兴趣。

2.了解《西游记》故事内容，梳理相关人物、取经路线等，学会与大家分享课外阅读成果。

二、学习过程

（一）播放视频，激趣引入

1.播放《西游记》动画片和影视作品，激发学生兴趣。

2.说说你知道的《西游记》中的相关人物形象以及经典故事情节。

（二）初读目录，梳理路线

1.通过看目录，你了解了哪些信息？

2.通过目录内容和你的观影经历，小组合作梳理取经路线。

3.尝试画一画取经路线图。

（三）课时梳理，作业布置

1.课时梳理：梳理人物形象、精彩故事、取经路线。

2.作业布置：绘制取经路线思维导图。

模块二　梳理探究（1课时）

一、学习目标

1.梳理《西游记》的相关知识，掌握阅读名著的方法。

2.通过介绍这本书的人物之奇、故事之奇，产生阅读中国古典名著的兴趣。

二、学习过程

（一）精彩回顾，知识盘点

1.展示上节课的路线图，进行相关拓展介绍。

2.讨论《西游记》中令你印象最深刻的情节、人物。

3.出示《西游记》的相关考题，学生抢答，检验学生的阅读效果。

（二）归纳方法，指导阅读

1.总结阅读名著的方法。

2.拓展推荐阅读其他名著故事。

（三）课时梳理，作业布置

1.课时梳理：梳理阅读名著的方法。

2.作业布置：思考四大主要人物的形象，准备辩论会。

模块三　表达交流（1课时）

一、学习目标

能够在名著阅读中有自己独到的见解，能把自己的感受表达出来并能说明自己的理由。

二、学习过程

（一）走近人物，精彩辩论

1. 你喜欢孙悟空、猪八戒、唐僧、沙悟净吗？为什么？

2. 说明辩论的要求。

3. 组织辩论。

（二）课时梳理，作业布置

1. 课时梳理：梳理人物的优缺点。

2. 作业布置：选择你喜欢的人物，制作人物书签。

第三部分　语文实践活动设计

模块一　阅读鉴赏（1课时）

一、学习目标

1. 挑选课文中你喜欢的故事，回顾精彩的故事情节。

2. 以小组为单位学习改编课文为课本剧。

二、学习过程

（一）回顾课文，寻找情节

1. 回顾本单元的课文内容，思考你最喜欢的名著故事是哪一个。

2. 按照喜好分小组，为改写课本剧做准备。

（二）改写剧本，合作探究

1. 以小组为单位尝试将课文的精彩故事改写为课本剧。

2. 小组内成员推敲修改。

（三）展示交流，相互修改

1. 投影展示各组的课本剧。

2. 同学间相互评议、修改课本剧。

（四）梳理总结，归纳提升

总结：大家再次回顾了课文内容，并且分小组尝试改写了课本剧。老师相信经过同学们的评议后，各组都知道了自己改写的课本剧的不足，希望大家利用课下时间对你们的作品进行修改、完善。

模块二　梳理探究（1课时）

一、学习目标

能够通过改写课本剧，掌握写课本剧的方法。

二、学习过程

（一）交流心得，学习方法

1. 说说你们组在写课本剧时都写了哪些内容，你们为什么要写这些内容。

2. 总结写课本剧的方法。

（二）小组分工，确定角色

1. 以小组为单位分清课本剧的角色。

2. 开始彩排，准备汇报演出。

（三）梳理总结，归纳提升

通过今天的学习，我们总结了一些写课本剧的方法、技巧，老师希望大家能灵活运用到生活中去，感兴趣的同学可以选择合适的课文内容再次改写。另外我们今天将课本剧的内容进行了演出的分工、彩排，期待下节课大家的精彩表现。

模块三　表达交流（1课时）

一、学习目标

通过演课本剧、深入理解名著中精彩的故事情节，从而提升想象力、行动力、表演力和合作力。

二、学习过程

（一）检查准备，宣布开幕

1. 准备好表演需要的道具。

2. 讲清活动要求、评价标准。

（二）汇报演出，进行评价

1. 同学以小组为单位表演课本剧。

2. 同学评议，发表建议。

3. 选出优秀组，贴星鼓励。

（三）梳理总结，归纳提升

总结：老师感受到了各组的表演实力都很强，真的很不错。回顾之前的学习，我们从学习改写课本剧到现在的表演课本剧，都是基于文本进行的研究。老师相信通过这样的学习，同学们对课文的内容更加熟悉了，也相信大家对名著故事更有兴趣了！希望你们课下继续阅读、交流名著的相关故事，继续改写、表演你们感兴趣的课本剧。

遨游汉字王国，传承汉字文化

——统编版五下第3单元整体教学设计

张建伶

【设计理念】

本单元是综合性学习单元，是本套教材继中年级在单元内安排"综合性学习"栏目之后，第一次设置单元整合的综合性学习内容。这种单元自成体系，以活动贯穿始终，以任务驱动的方式带动整个单元的学习。这样编排，一方面考虑到学生经过前几年的学习，已经具备了一定的综合运用语文能力的基础，可以开展历时较长、任务较多的语文学习活动，另一方面，希望通过单元整组的综合性学习内容，进一步拓展学生的学习空间，增加学生语文实践的机会，调动和挖掘学生语文学习的主动性，通过具体的情境任务，让他们在课堂学习与课外实践活动中学语文、用语文，全面提升语文素养。本单元综合性学习围绕"遨游汉字王国"这个主题编排。汉字是中华文化的瑰宝，书写了中华民族的历史。五年级的学生已经认识近三千个汉字，对汉字有了丰富的感性认识。在此基础上开展以汉字为主题的综合性学习，有助于增进学生对汉字的了解，进一步培养学生学习汉字的兴趣，增强学生对汉字的情感，让学生树立规范使用国家通用语言文字的意识。

【内容简介】

本单元围绕单元主题，教材安排了"前言"和两个活动版块——"汉字真有趣""我爱你，汉字"。"前言"从汉字与生活的关系，汉字悠久的历史，汉字的使用者之多和文化影响之大，汉字书法艺术等方面对汉字做了简介，并布置了本单元主要的活动任务。两个活动版块密切关联，前后相接，前一个版块是基础，后一个版块是提升。每个活动版块包含"活动建议"和"阅读材料"两项内容,"活动建议"提示了具体的活动任务,包括活动内容和方式,意在通过任务驱动的方式,带动整个单元的学习。"阅读材料"围绕活动主题,从多个角度编排了文章、谜语、书法作品等,帮学生进一步了解汉字,打开活动的思路,顺利完成活动任务。本单元有三项学习要求,分别是"感受汉字的趣味,了解汉字文化""学习搜集资料的基本方法""学写简单的研究报告"。学生在以往的学习中已经初步感受了汉字的趣味,也对汉字文化有了一些了解。教材力图使学生通过这个单元的学习,对汉字的特点、历史、文化有更丰富、全面的认识,对汉字产生更浓厚的兴趣。"学习搜集资料的基本方法"也建立在学生之前的学习基础之上,学生在中年级学习过"收集资料","收集"主要指把分散的资料集中在一起,而"搜集"主要指通过广泛的渠道,有目的地搜寻某些资料,然后整理集中。从"收集"到"搜集",难度有所提高。教材意在让学生掌握更多的获取信息的方法,更加精准地查找需要的资料,更加适应这个资讯发达、信息技术发展迅猛的时代。"学写简单的研究报告"这一要求,意在让学生将研究成果以报告的形式呈现出来,提高学生理性化思考和书面表达的能力。

【单元目标】

一、核心目标

学生通过综合性学习,了解汉字的起源、演变、现状,以及谐音、歇后语等有趣的语言知识,进一步感受语言之美。

二、常规目标

1. 了解本单元的特点,明确语文综合实践活动的意义。

2. 学习搜集资料的方法,能根据研究的需要选择合适的资料搜集方法。初步培养学生利用网络资源搜集资料、整理资料的能力。

3. 学习制订研究计划,能根据计划有序开展研究,掌握相关知识。

4. 开展汉字研究活动,感受汉字的趣味,产生对汉字的热爱之情。

【教学设计】

第一部分 汉字真有趣教学设计

模块一 搜集资料（1课时）

一、学习目标

1. 了解本单元的特点，明确语文综合实践活动的意义。

2. 学习搜集资料的方法，能根据研究的需要选择合适的资料搜集方法。

3. 学习制订研究计划，能根据计划有序开展研究，获得相关知识。

二、学习过程

（一）谈话导入，了解单元特点

1. 揭示教学内容。

2. 学生浏览单元材料，说说本单元的特点。

预设：本单元的内容由活动建议和阅读材料两个部分组成；这个单元呈现的阅读材料都是关于汉字的，所以这是一个汉字主题单元。

3. 教师小结：这个单元分"汉字真有趣""我爱你，汉字"两大版块，每个版块都提出了活动建议。同学们可以根据这些建议和小伙伴们一起合作探究，再把你们探究的成果在全班进行分享交流。在整个探究的过程中，做语文学习的主人。

（二）交流汉字知识，明确学习活动内容

1. 汉字是世界上最古老的文字之一，正所谓"横竖撇捺有乾坤，一点一画成文章"。

同学们，对于汉字，你有哪些了解呢？能简单说一说吗？

2. 指名交流。

3. 小结：汉字文化博大精深，我们能了解的还有很多。老师建议大家可以成立相同主题的汉字研究小组，制订好汉字研究计划，然后有序地开展汉字研究。相信你们一定会有很大的收获。

（三）指导方法，有序开展学习活动

1. 组织讨论：同学们想到了那么多的研究主题，你准备和谁一起研究汉字？你们准备研究关于汉字哪个方面的知识？和小伙伴一起研究的时候，你们又会做怎样的分工？最终你们打算呈现一个怎样的研究成果？

2.为了让研究有条不紊地进行，老师建议你们可以先制订一个汉字研究计划，然后再按照计划去实施。相信你们的研究效果一定会非常好。（出示汉字活动计划。）

表2-1　汉字研究计划表

人员分工	组长： 资料搜集：　　　　　　资料整理： PPT 制作：　　　　　　研究成果汇报：		
活动内容	1.搜集或自编字谜。2.搜集谐音笑话、谐音歇后语，以及谐音在诗句、对联中的运用。3.了解形声字的特点。		
成果展示	把搜集到的资料制成 PPT，进行云分享。班级内交流。把搜集到的资料编成小报，贴在教室里。		

（四）课时梳理及作业布置

小组内完成汉字活动计划。

模块二　整理资料（1 课时）

一、学习目标

1.了解搜集资料的基本方法。

2.小组内分工合作，根据任务搜集、整理资料。

3.开展汉字研究活动，感受汉字的趣味，产生对汉字的热爱之情。

二、学习过程

（一）指导学生搜集资料的方法

1.齐读书上的三种搜集资料的方法。

2.讨论：对照研究计划，我们来看看，可以选择哪些搜集资料的方法，让我们一起来帮他们出出主意。

3.教师小结：可以将网络搜索、查找图书相结合。可以去图书馆查阅汉字类书籍、《唐诗三百首》，可以上网查找歇后语、对联等。还可以向专业人士请教。

（二）分组搜集整理资料

1.组长根据组员特长和爱好给每个组员布置任务。

2.组员网络搜索、查阅图书或向专业人士请教。

3.小组内预设可能会遇到的困难，如不知道怎样用关键词进行网络搜索，网络资料太多不知道该怎样进行筛选等。

（三）学生互助解决预设的困难

教师引导：刚才同学们提出了在搜集整理资料过程中出现的困难，请有经验的同学帮助解决。

学生提出问题，相互提出解决办法。

（四）课时梳理及作业布置

小组内整理搜集的资料。

模块三　展示交流（2课时）

一、学习目标

1.学生运用多种形式交流展示搜集整理好的资料。

2.学生能够就资料内容及表达进行评价。

二、学习过程

课时 1

（一）猜字谜，感受汉字趣味性

1.播放"汉字真有趣"小组猜字谜的视频。

2.讨论：同学们，你们觉得字谜小组的研究成果汇报得怎么样？（提示学生：字谜选择的类型全面，有文字谜、画谜、故事谜。）

3.字谜小组交流猜字谜的方法。（组合法，根据谜面的暗示，把字的笔画或部件作加减，凑成一个字；象形法，把汉字的笔画比拟成事物，猜这种字谜需要观察力和想象力；意会法，要求猜谜的人根据谜面的意思去联想。）

4.听故事：《门内添"活"字》。

5. 提问：不管是字谜还是《门内添"活"字》的故事，你们发现有什么特点了吗？

预设：他们都体现了汉字字形和字义的特点。

（二）趣味汉字交流会

1. 过渡：汉字的字形和字义这么有趣，字音方面又怎么样呢？我们来看研究小组提供的材料。（出示歇后语。）

齐读，说说阅读材料的特点。

预设：表现形式方面，分两部分，后一部分是想要表达的意思。表达方法方面，利用同音或近音，制造特殊的表达效果。

小结：这样的文字材料就叫歇后语。歇后语是由类似谜面和谜底两部分组成的形象而俏皮的口头用语，浅显易懂，风趣幽默，深受人们的喜爱。在一定的语言环境中，通常说出前半截，"歇"去后半截，就可以领会和猜想出它的本义，所以就称为歇后语。

同学出题，猜歇后语。

2. 谈话：根据汉字字音的特点，我们的祖先还创造了一种造字方法。自己默读研究小组的同学给我们准备的文字材料，读完后交流你们的想法。

出示课件，学生默读。

同学们，读完了这段材料，你有什么发现呢？

预设：这段文字材料给我们介绍的是形声字。形声字的造字方法有两种，一种是在象形字的基础上增加声符，另一种是在象形字的基础上增加形符。形声字由两部分组成，一部分表示读音，叫声符；一部分表示意思，叫形符。

同学们的这些发现都非常正确，它让我们对形声字有了比较清晰的认识。回忆我们学过的汉字，你能举例说说形声字吗？（出示基本字＋偏旁的几组汉字。）

课时 2

（一）课堂小结，总结经验

1. 回顾、交流在活动中如何实施计划，组员如何配合，遇到了哪些困难，如何解决。

2. 介绍获取资料、搜集资料、整理资料的知识技能。

3. 反思做得不足的地方，明确改进的方向。

（二）学生互评，提高自主学习成效

在这个过程中，你想对你的小伙伴给予怎样的评价呢？（出示互评表。）请你根据你们小组的研究情况，如实填写，然后把你对同学的评价意见告诉他。这样才能扬长避短，收获更多。

表2-2 小组内学生互评表

评价标准		
小组合作	1. 小组讨论交流时，组员能主动积极地发表意见或提供建议。	优秀：★★★
	2. 小组遇到困难时，组员会尽力帮助他人或寻求他人帮助，齐心协力解决问题。	
	3. 组员会主动承担任务，并及时、认真地完成组内安排的工作。	良好：★★
资料处理	1. 组员搜集的资料较为详细、完整。	
	2. 组员搜集的资料切合本组的活动内容，且充满趣味性。	
	3. 组员能够归纳整理自己搜集的资料。	合格：★
成果展示	1. 交流时普通话标准，表达清楚、流畅。	
	2. 展示内容具有新颖性和趣味性，反响热烈。	

第二部分　汉字教学设计

模块一　搜集资料（1课时）

一、学习目标

1. 制订研究计划，能根据计划有序开展研究，获得相关知识。

2. 能够围绕汉字历史、汉字书法或其他感兴趣的与汉字有关的内容搜集资料，或者调查学校、社会用字不规范的情况。

二、学习过程

（一）做好活动准备

1.明确活动目的。

出示"清华园"匾额、"寿"字剪纸、书法扇面、印章图案，请学生观察并谈谈感受。师相机总结：学汉字、用汉字、爱汉字，关于汉字，大家还想了解什么呢？我们又能为汉字做些什么呢？

2.出示"活动建议"，从下面的内容中选择一项开展活动，写一份简单的研究报告。

（1）搜集更多的资料，围绕汉字历史、汉字书法或其他感兴趣的与汉字有关的内容，开展简单的研究。

（2）察看同学的作业本、街头招牌、书籍报刊等，围绕生活中用字不规范的情况，开展简单的研究。

3.教师引导：开展研究活动的目的，就在于运用自己的力量解决以上问题。

（二）确定研究方法

为了完成研究，你打算采取哪些方法呢？

学生在合作小组内讨论交流。

教师总结：有些研究采用多方面搜集资料的方法就能完成，有些研究则需要开展实践调查，还有些研究需要多种方法才能完成。大家谈谈，这几项研究内容最适宜的方法是什么？

以"研究汉字的多样'写法'研究"为例，请学生研读书本上的图文资料，关注"阅读材料"，说说从语文书上搜集到哪些有用的材料。

教师总结：书上的"阅读材料"帮助我们搜集到许多信息，但仅凭这些资料很难完成研究，所以还需要进一步搜集资料以及开展实践调查。

（三）制订活动计划

想要进一步搜集资料、开展实践调查以完成研究，一个明晰、有效的活动计划是不可缺少的，在"汉字真有趣"活动中，我们已经学习了如何制订活动计划，请回忆方法。

教师指导：结合本次活动要撰写的研究报告，制定活动计划。

（四）课时梳理及作业布置

小组内完成活动计划。

模块二　整理资料（1课时）

一、学习目标

1. 了解搜集资料的基本方法。

2. 小组内分工合作，根据任务搜集资料，进行整理。

3. 能了解一些关于汉字历史和现状的知识，增强对汉字的自豪感。

二、学习过程

（一）解决搜集资料中的困难

1. 各组的研究活动都取得了可喜的进展，但也存在一些问题和困难，比如这个小组在搜集资料的过程中就遇到了麻烦。出示案例：去图书馆、阅览室和书店查找图书实在太耗时耗力了，我们小组利用了周六、周日两天的时间，可是搜集到的资料仍然很少。

2. 教师引导学生交流解决上述困难的办法。

预设：可以上网搜索，可以请教老师，可以请家长帮忙……

3. 训练请教他人搜集资料的方法。

教师引导：想要使资料全面而丰富，就要从多渠道展开搜集，除了查找图书和网络搜索，还有哪些重要的方法呢？没错，就是请教他人。如何请教他人获取自己需要的资料，也是有讲究的。

请学生根据研究内容选择自己想要请教的人，并说明理由。

（二）学习用表格整理资料

1. 明确搜集资料可以查找图书、网络搜索，也可以请教别人。

2. 在学校阅览室、图书馆或书店，可以按类别找书。在网上搜集资料，关键词很重要。

想想谁可能会有自己需要的资料。

书名、目录、内容简介等，能帮助我们大致判断书中是否有自己需要的内容。

检索后的条目很多，可以根据题目、显示的内容等，判断哪些是需要的资料。

（三）课时梳理及作业布置

小组内整理搜集的资料。

模块三　展示交流（1课时）

一、学习目标

1.学生运用多种形式交流展示搜集整理好的资料。

2.学生能够就内容及表达互相进行评价。

二、活动过程

（一）展示研究报告

布置展览，展出研究报告。展示重要的文献资料、调查记录、活动中的照片。

1.学生间相互了解研究的问题、开展的活动。

2.展示者答疑，其他同学对展示的内容进行补充或发表不同的意见。

3.学习其他同学研究报告的写法。

（二）举办汇报会，报告小组就某个问题研究的结论

1.集中研究类似问题的小组的报告，学生进行对比分析。

2.展示者答疑，其他同学对展示的内容进行补充或发表不同的意见。

3.学习其他同学研究报告的写法。

（三）评选"优秀信息员""优秀研究员""互助好搭档"

巧借语言动作神态体会人物内心

——统编版五下第 4 单元整体教学设计

李 萌

【设计理念】

五年级下册第 4 单元以"责任"为主题，本单元的语文要素是"通过课文中动作、语言、神态的描写，体会人物的内心"。在四年级时，学生已经掌握了通过人物的动作、语言、神态体会人物心情、感受人物品质等阅读方法，本单元的学习，既要引导学生体会人物的感情，也要引导学生体会人物的心理活动及其变化，体会的角度更多元，需要对人物内心体会得更细腻、深入。

本单元在教学时首先要处理好落实语文要素和课文整体学习之间的关系。教学中要把对关键语句的品读融入课文的整体学习之中，加深学生对课文内容的理解。切忌只关注课文中描写动作、语言、神态的部分语句，过度琢磨局部而忽视整体。其次，本单元以"责任"为主题，编排了多篇表现革命传统的课文，具有重要的思想教育价值。教学时可以从学生学习的疑难处出发，适当补充相关资源，增进学生的理解和认识，将思想教育渗透在语言文字的教学过程中。要避免过度使用课外资源，杜绝脱离文本对学生进行思想教育的做法。最后要注意阅读和习作之间的联系。本单元阅读和习作联系较为紧密，由读到写，引导学生在体会人物内心时，进一步思考课文是如何将人物的内心表现出来的，从中学习表达方法。教学习作时，可以把课文片段作为教学资源来使用，使学生在写作的过程中，进一步加深对课文表达方法的领悟。

【内容简介】

围绕语文要素，本单元编排了《从军行》《秋夜将晓出篱门迎凉有感》《闻官军收河南河北》三首古诗和《青山处处埋忠骨》《军神》《清贫》三篇课文，意在让学生感受先辈们的崇高精神。三首古诗中，有边关将士的豪情壮志，有企盼早日收复失地的强烈愿望，还有忽闻平叛捷报的狂喜之情；《青山处处埋忠骨》体现了毛主席不徇私情的伟人胸怀；《军神》表现出刘伯承意志如钢的英雄气概；《清贫》则展现出方志敏舍己为公的崇高美德。究其内核，这些都是先辈强烈的责任感与使命感的体现。《青山处处埋忠骨》要求学生找出描写毛主席动作、语言、神态的语句，体会他的内心世界。《军神》要求学生结合具体语句，体会刘伯承内心和沃克医生内心的变化。《清贫》要求学生从方志敏的自述中体会他的品质。“交流平台”引导学生回顾本单元课文，对“抓住人物的动作、语言、神态，体会人物的内心”这一阅读方法进行了梳理和总结。“词句段运用”则让学生从例句出发，在体会人物的内心后选择情景进行仿写。本单元的习作要求写一件事，把人物当时的表现写具体，反映出他的内心，意在引导学生把阅读中学习到的方法及时运用到习作中，尝试从多个角度具体描绘人物的表现，实现由读到写的迁移，进一步提高学生写人记事的能力。为了更好地体会、表达人物内心，我们安排了拓展阅读《小兵张嘎》，在课内外阅读的结合中，进一步掌握通过描写语言动作神态表达人物内心的方法。

【单元目标】

一、核心目标

1. 通过课文中动作、语言、神态的描写，体会人物的内心。

2. 通过人物的动作、语言、神态的描写，表达人物的内心。

二、常规目标

1. 随文学习生字、词语。认识“踌、沃、匪、褂”等 28 个生字，读准多音字“裳、吓”，会写“眷、庆、诊、摩”等 35 个字，会写“拟定、慰问、惊疑、由衷”等 29 个词语。

2.有感情地朗读课文。背诵三首古诗。默写《从军行》《秋夜将晓出篱门迎凉有感》。

3.能把握课文的主要内容，通过课文中动作、语言、神态的描写，体会人物的内心，并能交流总结方法。

4.能感受革命先辈的崇高精神。

5.能选择某人给自己留下深刻印象的事情，把经过写清楚。

6.能从多个角度把人物当时的表现写具体，反映出人物的内心。

7.能从描写人物动作、语言、神态的例句中体会人物的内心，并能选择一种情景进行仿写。能体会"描写人物与平时不同的表现"这一表达方式的效果，并能仿说句子。

【教学设计】

第一部分　教科书教学设计

模块一　阅读鉴赏（2课时）

一、学习目标

1.学习生字、词语。

2.默读课文，按照文章的写作顺序将文章分成几部分。

3.思考这几篇课文讲了什么事，表达了人物怎样的形象。

4.结合页下注释，理解三首古诗的意思。

二、学习过程

课时 1

（一）关注整体，激趣导入

1.关注单元导语，说说本单元的主题是什么，单元要素是什么。

2.根据课前预习，说说本单元主要写了哪几个人物，他们都有哪些共同的品质。

（二）初读课文，读准字音

1."开火车"读本单元的认读生字，读准字音。

2.小组学习课后要求会写的生字，交流重点笔画、偏僻部首、多音字补充读音。

3.初读课文，按照文章的写作顺序将 10、11、12 三篇课文分成几部分。

（三）课时梳理，作业布置

1.课时梳理：梳理本单元的重点难点生字。

2.作业布置：读课文，思考课文的主要内容。

课时 2

（一）复习巩固，预习反馈

1.听写词语、对书订正。

2.预习作业：说说每篇课文讲了一件什么事。

3.说说你的概括方法是什么。

（二）理解诗意，想象画面

1.小组合作学习三首古诗，结合页下注释和工具书说说古诗的意思。

2.朗读诗句，想象画面，体会诗人表达的情感。

3.利用诗中的景物、地名等关键词背诵全诗。尝试默写《从军行》《秋夜将晓出篱门迎凉有感》。

（三）课时梳理，作业布置

1.课时梳理：回顾三首古诗描写的画面。

2.作业布置：默写《从军行》《秋夜将晓出篱门迎凉有感》。

模块二　梳理探究（3 课时）

课时 1

一、学习目标

1.通过找出课文中描写人物动作、语言、神态的描写，体会人物的内心世界。

2.结合课文内容和课外资料，深入体会人物的精神品质。

3.能从"交流平台""词句段运用"中找到描写人物内心的方法。

二、学习过程

（一）再读古诗，补白内心

1. 复习三首古诗，结合诗句内容，想想诗人当时会想些什么。

2. 从重点诗句入手，体会诗人的内心情感。

（二）日积月累，拓展练习

1. 默读"日积月累"中的两首古诗，小组合作理解诗句意思。

2. 想象诗句描写的画面，体会诗人的内心情感。

（三）课时梳理，作业布置

1. 课时梳理：梳理古诗表达的诗人情感。

2. 作业布置：思考当接到两封电报时，毛主席的心情。

课时 2

（一）圈画词语，合理想象

1. 画出描写毛主席的句子，思考：在看到电报和艰难抉择时，毛主席的心里会想些什么呢？

2. 补充相关资料，体会人物品质。

3. 结合"交流平台"的内容，指导学生体会人物内心的方法。

4. 运用所学的方法，自学《清贫》。画出能够体现方志敏品质的语句，然后围绕这些语句体会方志敏的精神品质。

（二）课时梳理，作业布置

1. 课时梳理：梳理描写人物的方法。

2. 作业布置：思考刘伯承被称为"军神"的原因。

课时 3

（一）交流原因，体会不同

1. 画出描写刘伯承的句子，体会刘伯承的内心世界，交流刘伯承被称为"军神"的原因。

2. 补充相关资料，体会人物品质。

3. 画出描写沃克医生的句子，体会沃克医生的情感变化，说说沃克医生变化的原因。

4.结合"词句段运用"中的人物与平时的不同表现这一部分内容，体会它们的表达效果。

（二）阅读链接，练习提升

1.默读《丰碑》，画出描写军需处长的句子，思考军需处长为什么被称为"丰碑"。

2.军需处长冻死的那一刻，他在想些什么呢？

（三）课时梳理，作业布置

1.课时梳理：体会人物内心的方法。

2.作业布置：观察生活，发现一个令你印象深刻的人的情绪。

模块三 表达交流（2课时）

一、学习目标

1.能选择某人给自己留下深刻印象的事情，把经过写清楚。

2.能从多个角度把人物当时的表现写具体，反映出人物的内心。

3.能从描写人物动作、语言、神态的例句中体会人物的内心，并能选择一种情景进行仿写。

二、学习过程

课时 1

（一）观察例句，讨论交流

1.自由朗读例句，思考：句子中的哪些描写让你体会到了人物的内心？

2.你从三组例句中体会到了人物怎样的感情？他们当时心里可能会想些什么？

（二）围绕情景，练习仿写

1.思考在这些情景中，人们的心情是怎样的，可能会做出哪些举动，表情可能是怎样的，会说些什么，小组交流。

2.练习仿写。

3.同学交流，猜猜写的是哪个情景。

（三）课时梳理，作业布置

1. 课时梳理：描写人物内心的方法。

2. 作业布置：思考你准备描写的人物内心需要通过什么方法刻画。

课时 2

（一）习作指导，明确方向

1. 通过提问唤醒学生的相关生活经验和记忆，引导学生回忆当时发生的事、事件的前因后果及当时人物的表现。

2. 明确本次习作的要求：不仅要把事情写下来，还要把这个人当时的表现写具体。

（二）借助提示，了解方法

1. 读教材中的提示，说说从中感受到了人物怎样的状态，又是从哪些地方感受到的。

2. 总结方法。

（三）例文欣赏，列出提纲

1. 出示例文，思考并交流：例文中运用了什么方法将人物的内心表达出来的。

2. 列出你的提纲。

（四）自主习作，互相修改

1. 自主完成习作。

2. 同桌互读习作，评议修改。

第二部分 读整本书教学设计——《小兵张嘎》

模块一 阅读鉴赏（1课时）

一、学习目标

1. 通过导读，激发学生阅读《小兵张嘎》的兴趣。

2. 了解书中关于小兵张嘎的典型事件。

二、学习过程

（一）趣味导入，引入正题

1. 播放《小兵张嘎》影视作品，激发学生兴趣。

2. 说说你听过大人讲小兵张嘎的故事吗？请你和同学们分享。

（二）初读浏览，梳理故事

1. 关注书的封面、作者等信息，说说你了解了哪些信息。

2. 通过封面内容和你的观影经历，小组合作梳理书中的相关故事。

3. 老师出示相关图片、影视片段讲讲其中的一个故事，让学生谈谈感受。

4. 选择你感兴趣的一个故事读读。

（三）课时梳理，作业布置

1. 课时梳理：梳理书中的故事。

2. 作业布置：继续阅读《小兵张嘎》。

模块二　梳理探究（1课时）

一、学习目标

1. 结合其中的一个片段，画出描写小兵张嘎的句子，体会小嘎子的人物形象。

2. 补白想象，体会小嘎子的内心。

二、学习过程

（一）精彩回顾，交流分享

1. 小组交流，说说这一段时间你都读了这本书中的哪些故事片段，给你留下了怎样的印象。

2. 小组择优全班交流。

（二）回忆方法，巩固练习

1. 回忆课文中体会人物内心的方法。

2. 选择你读的其中一个片段内容，画出描写小兵张嘎的语句，批注他的内心想法，思考你看到了一个怎样的小兵张嘎。

3. 全班交流。

（三）课时梳理，作业布置

1. 课时梳理：梳理体会人物内心的方法。

2. 作业布置：选择其中一个片段，尝试用讲故事的方法讲出来。

模块三　表达交流（1课时）

一、学习目标

能够选择《小兵张嘎》中的一个片段，重点结合嘎子的语言、动作、神态加上你补白的人物内心，将这个片段故事讲给同学听。

二、学习过程

（一）走近故事，精彩表达

1. 明确讲故事的要求：注意要讲清人物的语言、动作、神态，要把自己体会到的人物内心想法补充进去。

2. 回忆讲故事的方法。

3. 小组之间讲故事，择优推荐，在全班讲。

4. 学生们互相倾听、评价。

（二）课时梳理，作业布置

1. 课时梳理：梳理讲故事的方法。

2. 作业布置：将你的故事讲给家人听。

第三部分　语文实践活动设计

模块一　阅读鉴赏（1课时）

一、学习目标

1. 能结合人物的动作、语言、神态补白人物的内心，讲述爱国故事。

2. 通过讲爱国故事，激发爱国情，培养责任心。

二、学习过程

（一）复习方法，明确要求

1. 回顾本单元的课文内容，说说作者是怎样表达人物内心的。

2. 明确本次讲故事活动的要求：小组为单位分工合作讲爱国故事，故事中除了必要的起因、经过、结果外还要有人物的语言、动作、神态和你们补充的人物内心。当然也要借助讲故事的方法将故事讲精彩。

（二）小组分工，选择故事

1. 以小组为单位选择一个爱国故事。

2. 小组分工：收集、梳理、补白、讲述。

（三）梳理总结，归纳提升

今天，我们通过小组分工确定了每组要讲的爱国故事，课下请各组同学将重点的人物语言、动作、神态进行梳理。

模块二　梳理探究（1课时）

一、学习目标

能够根据人物的语言、动作、神态补白人物的内心。

二、学习过程

（一）小组合作，补白内心

1. 结合人物的语言、动作、神态补白人物的内心，体会人物的爱国情。

2. 将你们组的补白进行梳理，准备展示。

（二）全班展示，互相评议

1. 分小组交流你们组为爱国故事补充的内心部分。

2. 同学评价、提出修改建议。

（三）梳理总结，归纳提升

总结：我们将各组的补白进行了展示交流，相信各组听了同学们的评价后都知道了自己的不足，希望课下各组能够修改，练习讲故事，积极参加爱国故事演讲赛。

模块三 表达交流（1课时）

一、学习目标

通过讲爱国故事体会人物的内心，激发爱国情，培养责任心，提升想象力、表达力。

二、学习过程

（一）检查准备，宣布开幕

1. 准备好表演需要的材料。

2. 讲清活动要求、评价标准。

（二）汇报演出，进行评价

1. 同学以小组为单位讲爱国故事。

2. 同学评议，发表建议。

3. 选出优秀组，贴星鼓励。

（三）梳理总结，归纳提升

通过本次活动，老师感受到了各组讲故事的实力都很强，也相信大家对体会人物内心的方法和讲故事的小技巧有了更深入的理解！希望你们课下继续读爱国故事，传爱国情怀。

巧用描写人物的基本方法表现人物特点

——统编版五下第 5 单元整体教学设计

宋庆捷

【设计理念】

统编教材从三年级开始，每册中都设置了一个习作单元。这是一种新的单元编排方式，是新教材编写体例的一个创新。五年级下册第 5 单元就是一个习作单元，它包括六个部分：导语、课文精读（两篇）、交流平台、初试身手、习作例文（两篇）和习作。四年级教材安排过"写一个人，注意把印象最深的地方写出来""学习从多个方面写出人物的特点"的要点，五年级上册教材还安排了"结合具体事例写出人物的特点"的要点。本单元在此基础上，引导学生进一步学习写人的方法，即选择典型事例，通过对人物语言、动作、外貌、神态、心理等的细致描写，具体地表现人物的特点。

在这种习作单元的学习过程中，注意培养学生阅读理解能力的同时，还要关注学生的表达，注重学生在课堂上的实践性和交际性。让学生在亲身经历、亲自尝试中经历学习过程，获得学习体验，形成言语能力，并在语境中发展习作能力，以培养学生习作能力为单元主要目标。本单元语文要素是"学习描写人物的基本方法"，习作要求是"初步运用描写人物的基本方法，尝试把一个人的特点写具体"。在学习活动的设计过程中，紧紧围绕这两个语文要素，创设了"我演你猜"等学习活动。试图通过表演、评价、习作等方式激发学生阅读作家笔下人物的兴趣，提升学生的语言表达能力、思维能力、想象能力、阅读能力及表演能力。

【内容简介】

围绕人文主题和语文要素，本单元编排了《人物描写一组》《刷子李》

两篇精读课文，《我的朋友容容》《小守门员和他的观众们》两篇习作例文，以及单元习作"把一个人的特点写具体"，其间穿插安排了"交流平台""初试身手"。这些内容紧密联系，协同一致地指向提升学生"具体地表现一个人的特点"的习作能力。《人物描写一组》由小说《小兵张嘎》《骆驼祥子》《儒林外史》节选的三个片段组成。《小兵张嘎》片段主要通过动作描写，表现了小嘎子的机灵；《骆驼祥子》片段主要通过外貌描写，表现了祥子的生命力；《儒林外史》片段主要通过动作描写，表现了严监生的极度吝啬。几个片段从不同的角度引导学生体会其表现人物特点的基本方法。《刷子李》一文通过描写主人公刷子李的动作、外貌、语言，以及徒弟曹小三的举止和心理活动，表现了刷子李高超的技艺。课文引导学生进一步了解：除了可以描写主要人物的语言、动作、外貌、神态、心理等，还可以通过描写他人的反应来表现主要人物的特点。"交流平台"主要分析了"如何具体地表现人物的特点"，帮助学生联系以往的学习经验，梳理、总结具体表现人物特点的基本方法。"初试身手"意在引导学生进行方法的实践，在实践过程中加深对方法的认识，体会其表达效果，为单元习作的撰写做好准备。习作例文从不同的角度示范了写人的方法，并以批注的形式引导学生进一步了解具体表现人物特点的方法，学习运用例文写人的方法。单元习作引导学生选择典型事例，通过描写语言、动作、外貌、神态、心理等具体地表现一个人的特点。为此，拓展阅读《俗世奇人》，使学生在课内外阅读相结合中，进一步掌握描写人物的基本方法。

【单元目标】

一、核心目标

通过阅读了解课文内容，学习描写人物的基本方法；初步运用描写人物的基本方法，尝试把一个人的特点写具体。

二、常规目标

1.随文学习生字、词语。认识"嘎、绊、浆、傅"等18个生字，读准多音字"监"，会写"跤、搂、浆、博"等30个生字。会写"摔跤、手疾眼快、师傅"等 28 个词语，理解"手疾眼快"等词语的含义。

2. 通过阅读课文，能结合文中描写人物的语句，说出人物的特点。

3. 了解可以通过描写人物的语言、动作、外貌等表现人物的特点，并能体会其表达效果；了解可以通过描写他人的反应表现主要人物的特点。

4. 能交流、总结写人的基本方法。

5. 能试着用学过的方法描写一个同学；能列出表现家人特点的典型事例。

本单元教学设计通过教科书教学、整本书阅读教学、语文实践活动教学三个方面展开。通过品读、自读，学习描写人物的基本方法。通过交流、习作，学习并运用描写人物的基本方法具体地表现一个人的特点。梳理单元内容，整合本单元语文要素，使学生从整体上把握单元脉络。在构建课内外联系的过程中，阅读整本《俗世奇人》，并开展语文实践活动，进一步落实语文要素。

【教学设计】

第一部分　教科书教学设计

模块一　阅读鉴赏（2 课时）

一、学习目标

1. 读课文，感受作者笔下鲜活的人物形象，能结合文中描写人物的语句，说出人物的特点。

2. 通过描写人物的语言、动作、外貌等表现人物的特点，能体会其表达效果，并通过描写他人的反应表现主要人物的特点。

3. 培养学生探索语言，对信息分类整理和概括的能力，寻找人物描写的一般方法和规律。

二、学习过程

课时 1

（一）整体感知，激趣揭题

1. 通过课前预习，请你猜一猜图片中是谁。

预设：小嘎子、祥子、严监生、刷子李。

2. 读一读这些人物的名字，你们猜猜他们都有什么特点。

3. 请你先看本单元的导语，再看这些人物是哪几篇课文的人物。

（二）理解课文，感知形象

1. 听写词语，对书订正。

2. 从书中找出描写人物特点的句子读读，初步感受人物的性格特点。

3. 认真阅读课文，找出描写人物外貌、语言、动作、神态的句了并画下来，揣摩人物的特点，在书上做批注。

4. 学生交流，组内补充。

5. 试着做思维导图，理出人物关系，突出人物特点。

	小嘎子：	动作描写	聪明机灵
	祥　子：	外貌描写	生气十足
人物	严监生：	动作描写	极度吝啬
	刷子李：	动作、外貌、语言描写	技艺高超
	……		

（三）课时梳理与作业设置

1. 课时梳理：梳理课上提到的把握描写人物的基本方法：抓主要人物可用思维导图、列提纲、画变化阶等方法。

2. 作业设置：从这几个人物中任选一个自己喜欢的进行细致分析，说说自己喜欢的理由。

课时 2

（一）预习作业反馈，交流自己喜欢的一个人物，并说明理由

1. 学生用思维导图、列提纲、画变化阶、人物介绍等方式展示自己的作业。

2. 生生互评，分析判断学生交流的理由是否正确，选择的方式是否合适。

（二）重点讲评思维导图，为运用描写人物的基本方法把一个人的特点写具体做准备

结合学生已有画思维导图的经验，给每幅图拟小标题突出人物特点，梳理描写人物的方法。

可以分组合作完成以下任务：

1. 根据喜好分组。

2. 喜好相同的人负责一部分内容，组员分工合作画思维导图、拟小标题。

3. 把每组的作品贴到黑板上，串联成描写人物的基本方法的结构图。

（三）课时梳理及布置作业

1. 总结本节课的收获。

2. 布置作业：

以组为单位，收集思维导图制定人物册以备展览。

"初试身手"中的片段练习。

模块二　梳理探究（1课时）

一、学习目标

1. 在充分阅读课文的基础上，梳理描写人物的基本方法。

2. 激发学生阅读作家笔下人物的兴趣。

二、学习过程

（一）结合课后习题发现描写人物的基本方法

1.《人物描写一组》课后习题：举例说说三个片段分别用了哪些描写人物的方法，结合课文中的语句，体会表达效果。

学生发现，可以用多种方法来表现人物的特点。

2.《刷子李》课后习题：画出描写刷子李和曹小三的语句，体会课文是怎么写出刷子李的特点的。

学生发现，描述周围人的反应，间接写出了人物的特点。

（二）借"交流平台"梳理具体表现人物特点的基本方法

1. 选用典型事例，把它写具体。从语言、动作、外貌、神态、心理等多个角度描写人物，还可以通过描写周围人的反应来表现主要人物的特点。

2. 你学过的课文中还有哪些典型人物用到这些方法？

（三）自主阅读发现表现人物特点的基本方法

1. 通过阅读，你发现这些表现人物特点的方法了吗？

2. 课堂总结与作业布置。

课堂总结：回顾课堂收获，梳理描写人物的基本方法。

作业布置：结合描写人物的基本方法，阅读更多作家笔下的人物故事。

模块三　表达交流（3课时）

一、学习目标

1. 利用各种方式梳理描写人物的基本方法。

2. 初步运用描写人物的基本方法，尝试把一个人的特点写具体。

3. 能够修改自己的习作，使习作内容具体，语句通顺。

4. 在充分了解描写人物基本方法的基础上，能充分发挥想象，创编人物故事并进行表演。

二、学习过程

课时1

（一）复习巩固人物特点的基本方法

1. 本单元课文中的主要人物各自的特点是什么？文中选取了什么事情来写？为什么选取这些事情来写？

2. 学生交流。

学生抓住描写主要人物语言、动作、外貌、神态、心理的语句交流。

（二）读例文，掌握具体表现人物特点的方法

1. 读习作例文，把感受深的语句画下来。

2. 借助批注感受描写人物方法的巧妙。

（三）指导学生修改"初试身手"中的练笔

1. 出示要求：

能试着用学过的方法描写一个同学。

能列出表现家人特点的典型事例。

2. 讲评明确标准。

3. 自己修改。

（四）习作指导

1.读习作提示，明确要求。

（1）选择一个人，把他的特点写具体。

（2）选择典型事例表现他的特点。

（3）运用本单元学过的描写人物的方法。

（4）题目自拟。

2.自己选素材，同桌交流。

3.全班交流。

（五）课时梳理及作业布置

1.总结本节课的收获。

2.布置作业：把一个人的特点写具体。

课时 2

（一）习作赏析

1.教师选典型习作赏析。

教师分别选出好、中、差有代表性的习作 3 篇，进行讲解赏析，定出评价标准。

2.小组成员习作赏析。

（二）习作修改

1.学生根据习作评价标准修改自己的习作。

2.同桌互相修改。

（三）选优秀作品

小组推选优秀习作展览。

课时 3

（一）能充分发挥想象，创编人物故事

1.自己发挥想象充分准备。（重点从人物的外貌、语言、动作、神态、心理等方面创编。）

2.同桌交流互相指导。（注重讲故事时的神态和表情。）

（二）开展"我是人物百变王"活动

可以单人讲，也可以多人讲，可以借助道具。

（三）课时梳理及布置作业

1. 总结本节课的收获。

2. 布置作业：把自己创编的故事讲给爸爸妈妈听。

第二部分　读整本书教学设计——《俗世奇人》

模块一　阅读鉴赏（1课时）

一、学习目标

1. 通过导读，激发学生阅读《俗世奇人》的兴趣。

2. 通过赏本书的人物之奇、语言之奇、情节之奇，了解民间那些身怀绝技的艺人的不平凡形象。

二、学习过程

（一）激发兴趣，揭示题目

1. 你们喜欢阅读作家笔下的人物吗？

2. 你还知道哪些作家笔下的人物呢？

3. 老师和你们一样，也喜欢作家笔下的人物。你们猜猜这些人物都是谁？（出示书中相应人物图片。）

4. 这些形象鲜活的人物都出自冯骥才的同名小说集《俗世奇人》。从题目中，你读懂了什么？

（二）初读目录，整体感知

1. 看目录，你了解到哪些信息？

2. 看目录，你最喜欢哪个人物？

3. 你打算怎么阅读？

（三）听奇故事，猜奇人物

1. 老师给你们讲一个故事中的片段，通过刚才看目录，你猜猜讲的是谁。

2. 里面的情节很离奇。请你从目录中找找它在书中多少页，打开阅读吧！

（四）人物形象初探，试做人物书签

1. 书中的很多人物都很奇，给你最喜欢的人物做书签，要求图文美观，可以把你印象最深的人物特点用一句话概括。

2. 可以尝试多做几张人物书签，送给同学。

模块二　梳理探究（1课时）

一、学习目标

1. 梳理书中的奇人奇事，进一步了解民间那些身怀绝技的艺人的不平凡形象。

2. 品语言，感悟书中独特的语言风格和艺术价值。

二、学习过程

（一）精彩回顾

1. 同学们，我们已经读完《俗世奇人》这本书了，老师给你们出示相应的人物图片和故事名称，你能很好地给它们连线吗？

2.（出示相关语句。）这些精彩的语句，你能想到它们分别出自哪个故事吗？

（二）分享成果

1. 课前我们都做了奇人书签，谁愿意上前边展示？要求说清楚做这个奇人书签的理由，可以把你喜欢的人物分享给大家。

2. 在评价过程中，如果你发现同学做的奇人书签的人物特点不鲜明，或语言概括不是很准，图文不匹配，你还可以提出修改的意见。

3. 咱们可以把你们的奇人书签贴在黑板上，按照人物名称、事件、特点分类，形成奇人书签链条，看看你能发现什么。

4. 你还可以把你喜欢的故事创编，以组为单位进行表演。

5. 思考你为什么能演那么好。

（三）归纳特点

结合我们本单元学的课文和你读的这本《俗世奇人》，你发现了哪些描写人物的方法？

（四）总结升华

我们通过课内外阅读的作家笔下的人物，感受到了鲜活的人物形象，了解到了作家描写人物的方法，我们也要在今后的学习中学会应用这些方法。另外，作家笔下鲜活的人物形象还有很多，我们还要多阅读，多了解，注意内化、对接、转化，逐渐提升自己的阅读素养。

模块三　表达交流（1课时）

一、学习目标

通过创编故事、创意表演，训练学生思维，让学生把学到的语言内化外显，培养学生的空间想象能力、语言表达能力、伙伴合作能力等。

二、学习过程

（一）聚焦喜欢的重点人物

回忆自己读过的作家笔下的众多人物形象，选择自己最喜欢的人物讲给别人听。

（二）创编喜欢的故事细节

作家笔下的许多人物形象都很鲜活，给我们留下了很深的印象，但有些细节没有具体描述，请你根据自己对喜欢的人物特点的了解，试着创编故事。

注意创编时要把握描写人物特点的方法。

（三）表演喜欢的人物形象

1.组内表演。

2.全班表演。

（四）总结升华

我们掌握了多种描写人物的方法后应及时归类整合、总结应用。相信你们肯定能提高自己的阅读能力和写作能力！

第三部分   语文实践活动设计

模块一   阅读鉴赏（1课时）

一、学习目标

1. 挑选文中喜欢的故事，改编剧本或设计"我演你猜"活动卡，回顾描写人物的基本方法。

2. 在改编剧本或设计"我演你猜"活动卡时，进一步感悟使用描写人物的方法对于凸显人物特点的妙处所在。

二、活动过程

（一）回顾课文寻找喜欢的人物形象

回顾这单元学的作家笔下的人物形象，选择喜欢的人物形象反复阅读。

（二）改编课本剧或设计"我演你猜"的活动卡

1. 创编剧本时注意：

开头写清时间、地点、人物。

每个人说的话必须第一人称呈现。

每个人说话时的表情动作要用括号括起。

2. 设计"我演你猜"活动卡时注意：

写清时间、地点、参加人员。

写清"我演你猜"的活动步骤。

3. 小组研究修改。

（三）展示交流

1. 小组内推荐优秀剧本或活动设计在班里展示。

2. 全班同学评价。

（四）总   结

通过这次活动，大家深入了解了描写人物的语言、动作、外貌等表现人物特点的方法，并能体会其表达效果。大家创编的剧本和设计的"我演你猜"活动卡很好，课下可以进行排练。

模块二　梳理探究（1 课时）

一、学习目标

通过语文实践活动，梳理出描写人物特点的方法，体会其表达效果。

二、活动过程

（一）复习巩固

1. 通过这次语文实践活动，你知道在表现这些人物特点时都用到了哪些描写人物的方法吗？

2. 学生交流补充。

（二）梳理构建方法图

1. 自己总结构建人物描写方法图。（表格、括号、提纲……）

2. 以小组为单位进行评价。

3. 展示人物描写方法图，同学评价。

（三）小　结

通过今天的学习，我们知道描写人物的方法很多，正因为有了这些方法，才使文中的人物形象栩栩如生，鲜活难忘。今后我们也要学会应用，提高我们的阅读能力和习作能力。

模块三　表达交流（1 课时）

一、学习目标

通过表演剧目或进行"我演你猜"活动，深化运用描写人物的基本方法，从而培养学生的想象力、创造力、表演力和合作力。

二、活动过程

（一）检查准备情况

1. 检查要表演的剧本或"我演你猜"活动卡。

2. 检查道具。

（二）展示评价

1.同学表演剧目或进行"我演你猜"活动。

2.同学选择本单元中自己喜欢的人物形象，指名表演。

比如：选择《人物描写一组》中的任意一个人物表演，令其他同学猜相应人物等。

3.同学评价，发表建议。

4.选出优秀组，贴星鼓励。

（三）总　结

通过这次活动，大家对描写人物的方法了解得更深入了！希望你们课下搜集更多的作家笔下的人物形象，感兴趣的可进行表演。

探究思维过程，发展思维品质

——统编版五下第 6 单元整体教学设计

张雨濛

【设计理念】

本单元以"思维的火花"为主题。本单元的语文要素是"了解人物的思维过程，加深对课文内容的理解"，引导学生在把握课文内容的基础上，进一步了解文中人物解决问题的思维过程，从而培养学生对文章的整体把握能力和根据具体情况思考问题、解决问题的意识。编排本单元，意在引导学生树立结合实际思考问题的意识，知道要根据具体情况选择恰当的解决问题的办法。

这一单元的教学设计要重视指导学生借助课文内容具体把握人物的思维过程，初步感受人物思维逻辑的缜密。在落实单元的语文要素时，教师要让学生将课文中的相关语句作为推想人物思维过程的依据，并引导学生将思考过程用自己的语言表达出来。教学中要关注学生在交流过程中梳理的信息是否完整、推想是否合理，引导学生联系实际情形及故事的结局，找出能够合理阐释人物思维过程的依据，避免学生以偏概全或直奔结果。另外，教师可将"交流平台"的内容转换为教学活动，融入课文指导过程中，让学生在了解人物思维过程的同时，深化对课文内容的理解。第二，要重视培养学生根据实际情况，选择恰当的办法解决问题的能力，促进学生思维水平的发展。在现实生活中，学生会遇到许多问题，他们一般难以突破常规的思维定式，可能会采用不恰当的办法解决问题；也有一部分学生会习惯性地求助父母、老师或其他能力比自己强的人，依赖心理较重。教师可以鼓励学生尝试用课文中学到的思考问题的方法，解决现实生活中遇到的问题，也可以发动家长创设一些需要学生独立面对的问题情境，让学生在实践中获得真实的体验，以增强其根据实际情况分析问题和解决问题的能力。

【内容简介】

围绕着语文要素，本单元安排了三篇精读课文。意在引导学生树立结合实际思考问题的意识，知道要根据具体情况选择恰当的解决问题的办法。《自相矛盾》中的围观者听了卖家的话，发现其前后说法的抵牾之处，从而提出了"以子之矛，陷子之盾"的假设，使卖家无言以对；《田忌赛马》中的孙膑通过观察，发现众人的马脚力相当，且都能分成上、中、下三等，从而推演出获胜把握较高的布阵方式，并向田忌献策；《跳水》中的船长看到孩子身在高高的横木上，随时可能摔到甲板上，迅速通过海面风平浪静、水手们都在甲板上等有利条件，判断出孩子只有跳到海里才有机会获救，于是果断举枪逼孩子跳水。三篇课文都编排了有关了解人物思维过程的课后题。"交流平台"进一步强调，了解人物思维过程对深入理解课文内容的重要性，梳理了课文中的人物分析问题、解决问题的思维过程，并引导学生懂得：遇到问题时，要先分析具体情况，再选择适合的办法解决问题。本单元的习作要求是"根据情境编故事，把事情发展变化的过程写具体"，习作话题是"神奇的探险之旅"。在此前的学习中，学生已经有了"发挥想象写故事""按自己的想法新编故事"等经验，知道要根据所给的情境合理想象故事的起因、经过和结果。本次习作进一步要求学生根据情境编故事，把事情发展变化的过程写具体，引导学生根据探险的情境，围绕探险的目的，把遇到的困境和求生的方法写具体，丰富想象的内容，体会想象的乐趣。

【单元目标】

一、核心目标

1. 能根据故事的起因、经过和结果，用自己的话讲述故事内容。
2. 能说出课文中人物的思维过程。
3. 联系已有的知识经验，展开合理想象，根据情境编故事，把事情的发展过程写具体。

二、常规目标

1. 认识 11 个生字，读准 1 个多音字，会写 23 个字，会写 20 个词语。

2. 正确、流利地朗读课文，背诵《自相矛盾》。

3. 能根据故事的起因、经过和结果，用自己的话讲述故事内容。

4. 能说出课文中人物的思维过程。

5. 能借助提示，按事情发展的顺序写一个探险故事。并且能展开丰富的想象，把遇到的困境、求生的方法写具体。

6. 能交流、总结本单元课文中人物的思维过程，懂得要根据实际情况选择合适的解决问题的办法。

7. 了解文言文中的一些单音节词与现代汉语中的一些双音节词相对应的语言现象。

8. 能仿照例句，写出自己对于时间很慢或时间很快的感受。

【教学设计】

第一部分　教科书教学设计

模块一　整体感知　关联发现（1 课时）

一、学习目标

1. 整体朗读三篇课文，了解课文内容以及作家相关资料。

2. 初步形成对课文及单元的整体感知。

二、学习过程

（一）激情导入，初步交流

1. 初步形成对课文及单元的整体感知。说说本单元的主题是什么，单元要素是什么。

2. 想想书中的人物遇到了什么问题，是如何解决的，请你试着填一填导学单。

表 2-4　第 6 单元课文导学单

课文题目	遇到什么问题?	如何解决的?
《自相矛盾》		
《田忌赛马》		
《跳水》		

3. 小组交流, 填写内容。根据交流内容修正表格填写内容。

4. 班级内展示。

（二）了解作者, 拓展延伸

1. 对本单元这几篇课文的作者, 你有哪些了解?

2. 结合导学单, 想想书中的人物是如何巧妙地解决问题的, 试着感受其思维过程。

3. 你还知道哪些体现用智慧解决问题的故事?

（三）初读课文, 读准字音

1. "开火车"读本单元的认读生字, 读准字音。

2. 小组学习课后要求会写的生字, 交流重点笔画、偏僻部首、多音字、补充读音。

3. 初读课文, 按照文章的写作顺序将 16、17 课三篇课文分成几个部分。

（四）课时梳理, 作业布置

1. 课时梳理: 梳理本单元的重点难点生字。

2. 作业布置: 读课文, 思考课文的主要内容。

模块二　整体读文 归类识字（2 课时）

一、学习目标

通读 3 篇课文, 整合本单元字词, 结合一单元的句段练习、在语句中学会重点字词的音、形、义。

二、学习过程

课时 1

阅读本单元课文，把文章读正确、读通顺、读熟练

1. 识字写字。

（1）结合课前预习，学生自己挑选出认为容易写错的字进行指认。（同桌互查。）

（2）书空识记生字互查分享技巧。（同桌互查。）

（3）小组内按字形结构分类识记。（笔头归纳分类。）

（4）小组内按字义分类识记。

（5）学习多音字：夫。

2. 重点理解词语：夫，放在句首，表示将发议论；或表示有的人。

理解词语：策、荐等。

3. 朗读课文，巩固字词。

课时 2

（一）导学卷填写练习

1. 给易读错字注音。

斩断（　　）　　烦琐（　　）　　诲人不倦（　　）

2. 形近字组词。

津（　　）　　刊（　　）　　衰（　　）　　耻（　　）

律（　　）　　刑（　　）　　哀（　　）　　职（　　）

3. 读一读，说一说还可以把书比喻成什么。

（1）书，被人们称为人类文明的"长生果"。

（2）莎士比亚说："书籍是全世界的营养品。"

（3）一本你喜欢的书就是一位朋友，也是一处你随时想去就去的故地。

4. 将下面的句子排成一段意思连贯的话。

（1）阅读是什么？是吸收。

（2）把脑子里的东西拿出来，让人家知道，或者用嘴说，或者用笔写。

（3）好像每天吃饭、吸收营养一样，阅读就是吸收精神上的营养。

（4）阅读和写作，吸收和表达，一个是进，从外到内；一个是出，从内到外。

（5）写作是什么？是表达。

（二）书写提示

1.阅读对欧阳询的介绍，了解其书法特点。

2.对照书法作品，体会其特点。在了解欧阳询的基础上欣赏他的书法，激发对书法的热爱之情，在训练中提高书写能力。

3.临摹。

（三）作　业

练习本单元生字词书写。

模块三　主题阅读 读中学法（4课时）

课时1 《古人谈读书》阅读

一、学习目标

1.能联系上下文、借助注释，用自己的语言讲述故事。

2.能说出"其人弗能应也"的原因。

二、学习过程

（一）寓言导入，激发兴趣

1.学生自由交流。

2.回顾之前学习文言文的方法。

（二）理解文意，讲述故事

1.翻译文章。

2.小组合作，用自己的话讲述故事。

3.小组展示。

（三）深入理解，背诵全文

1.学生思考"其人弗能应也"的原因。

2.学生思考交流：从这个故事中明白了什么？

3. 教师指导背诵。

课时 2 《田忌赛马》阅读 + 交流平台

一、学习目标

1. 用自己的话讲述田忌赛马的故事。

2. 能借助图示，推想孙膑制定计策的思维过程。

3. 结合"交流平台"，了解人物的思维过程，加深对课文内容的理解。

二、学习过程

（一）激发兴趣，导入新课

（二）关键信息，理清结构

1.（1—2 自然段）众人的马具备怎样的条件？

引导学生发现：一是整体来看，马的脚力差不多；二是每个人的马有差别，都可以分成三等。

2.（3—9 自然段）这部分有什么作用？

引导学生发现：这番对话是引发田忌赛马的关键因素。

3.（10—16 自然段）结合上下文想想他为什么会有这样的表现。

（三）借助图示，推想思维过程

1. 借助图示，引导学生思考：为什么还是使用原来的马，孙膑只是对马的出场顺序做了不同的一些安排，就能使田忌稳操胜券呢？

2. 那孙膑看到这样的情形后，他此时会想些什么呢？

3. 总结：他先分析了赛马双方的具体情况，然后通过合理安排马的出场顺序，取得了最终胜利的结果。我们在遇到问题时，也要像孙膑一样认真分析观察到的实际情况，再选择合适的对策，达到预期的目的。

（四）用自己的话讲述田忌赛马的故事

1. 简单回顾学过的复述方法。

2. 教师提示复述故事的注意事项。（不要遗漏重要情节、关键信息、转述形式等。）

3. 回家后给父母讲田忌赛马的故事。

课时 3 《跳水》阅读 + 交流平台

一、学习目标

1. 用自己的话讲述故事。

2. 能说出水手们的"笑"对推动故事情节发展的作用。

3. 能说出船长所用办法的好处。

二、学习过程

（一）聚焦心情语句，了解心情变化的过程

画出心情变化的语句，用恰当的词语概括出他当时的心情，并做批注。

指导交流：

1. 直接概括性词语。（开心、哭笑不得……）

2. 调用自己积累的词句。

3. 比较辨析意思相近的词语。

（二）探寻心情变化的原因，理解水手的"笑"在推动情节发展中的作用

1. 说一说孩子心情变化的原因。（从猴子、水手两方面来说。）

2. 说出水手们的"笑"对推动故事情节发展的作用。

（三）联系具体情况，体会船长所用办法的好处

1. 自己提取关键信息，梳理出舱时观察到的情况。

2. 说一说他做决定时的想法。

3. 归纳出船长所用办法的好处。

（四）根据事情发展的顺序复述故事

1. 回顾本课的学习过程。

2. 按照事情发展的顺序，自己试着复述故事。

3. 组内、全班进行交流、评价。

课时 4   习作（2 课时）

讲解习作（1 课时）

一、学习目标

1. 能借助提示，按事情发展的顺序写一个探险故事。

2.能展开丰富的想象，把遇到的困境、求生的方法写具体。

二、教学过程

（一）唤醒生活经验和阅读体验，拓宽关于"探险"的视野

1.播放探险故事的片段，增加学生对其的认识，激发兴趣。

2.拓宽选材的视野。（探寻奥秘、发掘宝藏……）

（二）借助教材的提示，合理想象探险故事的情节

1.读教材中的提示，你们发现写探险故事需要哪些要素？有什么联系？

2.在探险前，你们需要准备写什么呢？

（组建团队、所需装备……）

3.想象交流：要是去这样的地方探险，可能会遇到怎样的危险？如何结局呢？

4.组内、全班交流构思。

（三）围绕"遇险""求生"展开想象，把过程写具体

（四）作业：自主完成习作

修改习作（1课时）

一、学习目标

能借助佳作，小组互评，修改。

二、教学过程

1.复习习作要求。

2.学习语文园地中，叶圣陶先生修改作文的方法。

3.总结归纳习作中的问题。

4.佳作欣赏。

5.同桌互读，评议修改。

第二部分　读整本书教学设计

模块一　阅读鉴赏（1课时）

一、学习目标

1.通过阅读《汤姆·索亚历险记》节选，增强对探险故事的认识。

2.了解主要内容，体会探险故事情节的吸引之处。

3.为习作"神奇的探险之旅"打下基础。

二、学习过程

（一）激发兴趣，揭示题目

1.由熟悉的儿歌导入："我是一个粉刷匠，粉刷本领强，我要把那新房子刷得更漂亮。刷完房顶又刷墙，刷子飞舞忙，哎呀我的小鼻子，变呀变了样。"这首儿歌就是《汤姆·索亚历险记》电影中的一首插曲，我们中国的孩子也会唱。这首歌在世界上影响甚广。

2.导入新课：今天，让我们一起走进汤姆·索亚的世界，看看他有哪些惊险的经历。

（二）初读浏览，整体感知

1.默读课文，出示要求。

请快速默读课文，想想课文主要写了哪些事情。

抓住课文主要信息，概括课文主要内容。

2.小组探究，交流反馈。

课文主要写了这几件事：①孩子们回来前小镇上人们的悲痛心情；②孩子们归来时人们的欣喜；③汤姆·索亚讲述自己和贝奇在山洞遇险的经历；④汤姆·索亚探望生病的小伙伴哈克。

课文主要记叙了汤姆·索亚在山洞历险后返回家的故事。

3.教师出示相关资料，让学生了解《汤姆·索亚历险记》的作者和他的作品。

作者简介：美国作家马克·吐温擅长使用幽默和讽刺，对后来的美国文学产生了深远的影响。人们普遍认为他是美国文学史上的一大里程碑，是美国批判现实主义文学的奠基人，世界著名的短篇小说大师。代表作有短篇小说《竞选州长》《百万英镑》；长篇小说《汤姆·索亚历险记》《哈克贝利·费恩历险记》。

模块二　梳理探究（1课时）

一、学习目标

1. 多角度感受人物特点。

2. 抓住书中打动人心的精彩细节，找到他是如何脱险的。

二、学习过程

（一）细读课文，品味精彩

1. 品味情节，默读课文，说说哪些情节特别吸引你。

预设1：困难重重的历险。

汤姆讲述冒险的这段经历很精彩。那么，在山洞里迷了路的汤姆和贝奇是怎样一步步脱离险境的？浏览第4自然段，跟随课文内容，你也来走一走。

教师小结：洞中迷路→（摸索出口）→找到出口→（说服贝琪）→爬出洞口→（进行呼救）→安全脱险。

预设2：大悲大喜的人们。

2. 从哪些地方可以体现出孩子们归来前后人们大悲大喜的心情？（学生举手说。）

3. 教师引导学生抓住重点句段感受人物心情。（课件出示句段。）

大悲：萨契尔太太病得很厉害……大家都怀着悲伤和绝望的心情。大喜：那天半夜里，村里的大钟忽然……一面发出一阵又一阵的欢呼。

（二）品味细节，学习写法

1. 说说文中语言在表达上让你感到精彩的地方。（小组讨论交流。）

2. 各小组代表发言。

细节描写十分传神。如，萨契尔太太和波莉阿姨的绝望状态，以及汤姆讲述自己的历险经历时的语言，都细腻地表现了人物的心情与性格。

语言描写非常生动。如，汤姆在讲述他的历险经历时用一连串的"怎样"

进行叙述，夸张和吹嘘溢于言表，但从中也可以看出汤姆和贝奇走出山洞是多么不容易。

运用轻松、幽默的表达方法。如先悲后喜的情绪变化，使镇上的人们略显失常的表现充满喜剧的气氛。

3. 你对文中的汤姆有了怎样的认识？（如：淘气的机灵鬼、孩子头儿、在小伙伴中无所不能、胆大妄为、顽皮好奇、无拘无束、向往自由、独立乐观、勇敢、有爱心、喜欢冒险、讲义气……）

模块三 表达交流（1课时）

一、学习目标

1. 细数《汤姆·索亚历险记》的探险魅力。
2. 结合习作要求，展开想象。

二、学习过程

（一）细数魅力，体会情感

1. 交流探险历程。

2. 想象探险故事的情节。

3. 学习写法。

总结：本文通过讲述汤姆·索亚历险的故事，带我们走进了他奇特大胆的冒险经历，欣赏了生动曲折的故事情节。说明了他是一个调皮、喜欢冒险，而又十分勇敢、富有正义感的孩子。请你先尝试构思探险故事，做好整体规划和布局。

（二）借鉴方法，交流构思

1. 自拟立意。

2. 组内、全班交流。

3. 进行评价。

第三部分 语文实践活动设计

模块一 阅读鉴赏（1课时）

一、学习目标

1. 搜集课外能体现"思辨与智慧"的文章，说一说作者是如何解决困难的。

2. 小组合作，通过交流展示，进一步体会到要根据具体情况选择恰当地解决问题的方法。

二、学习过程

（一）复习方法，明确要求

1. 回顾本单元的课文内容，说说作者解决问题的思维过程，是如何根据具体情况解决问题的。

2. 明确本次活动的要求：小组为单位分工合作，共同研读一篇文章，通过关键语句或者片段说说作者解决问题的思维过程，是如何根据具体情况解决问题的，分享给全班同学。

（二）小组分工，选择内容

1. 小组为单位选择一篇文章。

2. 小组分工：搜集、阅读、批画、讲述。

（三）梳理总结，归纳提升

大家通过小组分工确定了任务，课下请各组同学选取一篇文章，将课文内容进行梳理，简要叙述文章表达的思想感情。

模块二 梳理探究（1课时）

一、学习目标

简述作者解决问题的思维过程。他是如何解决问题的？

二、学习过程

（一）小组合作，补白内心

1. 小组合作，集思广益。共同研读一篇文章，需要讲解文章的写作背景、主要内容，简单叙述作者的思维过程以及他是如何解决问题的。

2. 小组成果进行梳理，准备展示。

（二）全班展示，互相评议

1. 分小组交流。

2. 同学互相评价，提出修改建议。

（三）梳理总结，归纳提升

本节课，各组同学简要地为大家呈现了他们共同阅读的一篇文章。为大家讲解了文章的写作背景、主要内容，作者简单地叙述了作者的思维过程叙述以及他是如何解决问题的。相信在同学们的评价中各组知道了自己的不足，希望课后各组进行修改。在课余时间总结你们是通过什么方法体会到的，准备我们接下来的展示交流。

模块三　表达交流（1课时）

一、学习目标

学生能具体说出文章中作者究竟是如何解决问题的，进一步增强了结合实际解决问题的意识，提升了自我表达能力。

二、学习过程

（一）检查准备，宣布开幕

1. 准备好交流需要的材料，PPT、文稿等。

2. 讲清活动要求、评价标准。

（二）交流，进行评价

1. 以小组为单位，分享作者解决问题的方法。

2. 同学评议，发表建议。

（三）梳理总结，归纳提升

1. 学生总结六个组分别讲述作者究竟是如何解决问题的。

2.选出优秀组，进行鼓励。

通过本次活动，同学们以小组为单位叙述了作者的思维过程以及他是如何解决问题的。让老师感受到了你们迁移学习的能力，知道你们懂得了要结合实际问题思考解决的办法。希望你们在今后的学习中，灵活运用这些方法，更好地解决生活中的实际问题。

赏异国风光，悟动静之美

——统编版五下第 7 单元整体教学设计

张婷婷

【设计理念】

统编教材五年级下册第 7 单元围绕"世界各地"主题选编了《威尼斯的小艇》《牧场之国》《金字塔》三篇课文。本单元人文主题为"足下万里，移步换景，寰宇纷呈万花筒"，语文要素是"体会静态描写和动态描写的表达效果""搜集资料，介绍一个地方"。

纵览统编教材的写景文章的序列，从纵向看，五年级上册第 7 单元"四季之美"要求学生初步体会静态美和动态美的描写，而下册编排提升到体会景物的动态美和静态美，意在引导学生在前一阶段学习的基础上体会其表达效果；横向看，统编教材从低年级开始就着力培养学生阅读提取信息的能力，并在教材中根据年级的升高提出找出明显信息→做出简单推断和综合整理信息→谈谈感受的递进式要求。两篇精读课文旨在引导学生体会异国风情的动静之美，而略读课文更侧重实践言语，提升学生的思维能力和思维品质。使学生的阅读能力从宽泛的感受、体会，走向初步的文学品鉴。

本单元教学中要让学生关注课文的表达方法，注重引导学生学习、了解课文的写法，把握好适切度，落实语文要素"体会静态描写和动态描写的表达效果"。不仅如此，本单元的课文富有情趣，让学生在充分的朗读中，感受景物的静态美和动态美，品味优美生动的语句，并进行摘抄积累。

【内容简介】

本单元围绕"世界各地"主题，编排了《威尼斯的小艇》《牧场之国》《金字塔》三篇课文。展现了水城威尼斯的城市风光，描写了荷兰安闲的牧场，介绍了古老的埃及金字塔，呈现出一幅幅动人的画卷。体现了世界各地丰富多彩的自然、人文景观的魅力，能激发学生了解世界多元文化的兴趣。

《威尼斯的小艇》展示了"水上城市"独特的风光。威尼斯白日的喧闹与半夜的沉静，突显了这座水上城市的动态美与静态美，为五年级学生提供了绝好的读写范例《牧场之国》全文条理清晰、色彩明快，特别是静态描写细腻动人，体现了荷兰白日的宁静、傍晚的静谧、夜晚的沉静，很好地对接了单元语文要素，《金字塔》由同一主题的两篇表达迥异的短文组成。其中，《金字塔夕照》既是一篇通讯，又是一篇优美的散文；《不可思议的金字塔》则是非连续性文本。这两篇文章虽风格迥异，但又互为印证，构成一组非连续性文本，让读者对金字塔这一世界奇迹有了更为全面、丰富的了解，对接了单元语文要素"搜集资料，介绍一个地方"。

围绕单元语文要素，本单元精读课文的课后题用不同的方式，引导学生进一步感受静态描写和动态描写的表达效果；"交流平台"对语文要素进行梳理总结。引导学生进一步体会感受静态描写和动态描写所体现出的景物的独特魅力；"词句段运用"引导学生运用静态描写和动态描写进行表达。

本单元的习作内容是"介绍一个地方"。学生在"口语交际·小小解说员"中，进行独白类的口语交际，要求当众表达，条理清楚。这和本单元的语文要素非常吻合，与所学的课文也比较一致，可以使学生在习作表达中关注信息素养的形成，体验更加丰富多元的表达形式。

【单元目标】

一、核心目标

能体会课文中静态描写和动态描写的表达效果；能搜集资料，清楚地介绍一处自己感兴趣的一个地方。

二、常规目标

1. 认识 26 个生字，读准 1 个多音字，会写 30 个字，会写 28 个词语。
2. 正确、流利、有感情地朗读课文。
3. 能体会课文中静态描写和动态描写的表达效果。

4. 能交流、总结对静态描写和动态描写表达效果的体会。

5. 能仿照例句，选择一个情景写句子，表现出景物的动、静之美。

6. 能搜集资料，清楚地介绍一处自己感兴趣的地方。

本单元教学设计围绕教科书教学、整本书阅读教学、语文实践活动教学三个方面展开。通过感知、品读、探究，体会静态描写和动态描写的表达效果。通过合作、分享、仿写，学习运用静态描写和动态描写来展现世界各地的美丽风光。整本书阅读选择入选教育部基础教育课程教材发展中心中小学阅读指导目录的《中国儿童地图百科全书·世界遗产（中国篇）》拓展学生的视野，激发学生的兴趣，形成文化积淀。开展语文实践活动"我是小小讲解员"，将口语交际和习作进行有机整合，以口语表达促进书面表达。

【教学设计】

第一部分　教科书教学设计

模块一　阅读感知（2课时）

一、学习目标

1. 认识 26 个生字，读准 1 个多音字，会写 30 个字，会写 28 个词语。

2. 能正确、流利地朗读课文，初步感受世界各地风景之美。

3. 能结合文中关键语句，梳理出课文重点描述的景物、景观以及特点。

二、学习过程

课时 1

（一）视听盛宴，激发兴趣

1. 播放意大利、荷兰、埃及等国家的风光纪录片。

2. 引导学生交流分享感受：同学们，看完这段短片你有什么样的感受想要分享？

预设：美丽、向往……

3. 启发学生补充相关资料，拓宽知识面：你们知道短片上都有哪些国家、哪些建筑吗？你对它们有什么了解，谁来分享一下？

（二）梳理要素，明确任务

1.出示单元主题：同学们，翻看单元主题页，请你仔细阅读，说一说咱们这个单元的目标都是什么？你是如何理解的？

预设：我觉得这个单元主要是想要让我们学习写景的文章，了解世界各地的美。我们不仅要体会静态描写和动态描写的表达效果，还要会用，并且能够介绍好一个地方……

2.引导学生关注单元整体内容安排：请你们自己翻看单元的内容，说一说都有什么？

预设：三篇课文《威见斯的小艇》《牧场之围》《金字塔》；口语交际"我是小小讲解员"；习作"中国的世界文化遗产"；语文园地。

小结：刚刚老师通过这样的两个小问题，初步检验了一下大家的信息提取能力，你们都很棒！要想深入体会静态描写和动态描写的表达效果，并最终会运用，能够提取关键信息是第一步，我们还要会整合、品读、谈感受。接下来我们就一起来开启本单元的学习旅程吧！

（三）学字识词，扫清障碍

1.引导学生初读课文，对重点及难理解的字词圈画。完成下面的表格。

表 2-5　第 7 单元生字新词梳理表

生字新词梳理	
18课 《威尼斯的小艇》	生字：
	新词：
	我认为难写的生字：
	我不懂的词语：
19课 《牧场之国》	生字：
	新词：
	我认为难写的生字：
	我不懂的词语：
20课 《金字塔》	生字：
	新词：
	我认为难写的生字：
	我不懂的词语：

2.引导学生开展小组合作学习。

（1）请小组内学生互相交流生字新词的梳理单，完成生字、新词一栏的补充。

（2）小组分工，运用查字典、求助老师、结合上下文分析的方式解决小组成员间不懂的词语。

（3）成员交流认识生字的小妙招，运用多种方式记忆难写的词语。

3.引导学生订正重点生字的字形，难理解的词义。

（四）课时梳理与作业设置

1.课时梳理：识记本节课生字词，带到课文中，边读边巩固。

2.作业设置：熟读课文，识记生字。

课时 2

（一）复习回顾，夯实基础

1.根据上节课总结出的重难点生字词，引导学生进行听写、根据意思写词语的练习。

2.订正答案，引导学生修改。

（二）梳理内容，整体感知

1.引导学生结合预习，梳理三篇课文的主要内容。

表 2-6　第 7 单元课文主要内容梳理表

18课《威尼斯的小艇》	19课《牧场之国》	20课《金字塔》	
		《金字塔夕照》	《不可思议的金字塔》
预设：小艇的样子、乘坐感受、船夫技术高超、威尼斯人的活动。	预设：牛群吃草、骏马飞驰、猪样鸡等动物悠然自得、傍晚，人们将挤的牛奶运走，入夜动物们都沉睡。	预设：夕阳下的金字塔。	预设：最大的金字塔——胡夫金字塔；建造金字塔时的古埃及。

2.小组内交流，生生互评，发挥学生集体智慧，对表格内容进行初步调整。

3.全班交流，订正答案，引导学生正确把握课文主要内容。

（三）喜好分享，练习朗读

1.引导学生交流自己最感兴趣的片段。你最感兴趣的内容是什么？理由是什么？请在小组内进行交流。

2. 小组合作，练习朗读，一人朗读，一人倾听指出错误。

（四）课时梳理及布置作业

1. 总结本节课的收获。

2. 作业布置：想象课文中的情境，尝试有感情地朗读。

模块二　梳理探究（3课时）

一、学习目标

1. 正确、流利、有感情地朗读课文。

2. 能体会课文中静态描写和动态描写的表达效果。

3. 能交流、总结对静态描写和动态描写表达效果的体会。

4. 能仿照例句，选择一个情景写句子，表现出景物的动、静之美。

二、学习过程

课时1 《威尼斯的小艇》

（一）自读自悟，感受动静之美

1. 引导学生默读《威尼斯的小艇》课文的1—6段，思考：课文中哪些内容让你读的时候有一种静的感觉？哪些地方又给你动的感觉？

2. 引导学生在小组内相互交流。

（二）研读课文，体会动静之美

1. 引导学生全班分享交流。

2. 教师予以点拨。

预设1：学生聚焦第2段说感受时，提到"新月""水蛇"，可追问：为什么威尼斯小艇窄而深？这样比喻有什么好处？这样一动一静让你感受到什么？指导学生有感情地朗读。

预设2：学生聚焦课文第4段说感受时，提到"船夫驾驶技术好"，可启发学生想象：如果你是游客，你会用手机拍摄下哪一幕？还可启发学生根据老师的朗读，用手当作小艇来体会。指导学生有感情地朗读。

预设3：学生聚焦第5段说感受时，提到"人们的生活"，可启发学生思考：为什么每一句都提到了小艇？这样的动态描写让你感受到什么？还可启发学生想象：如果你生活在威尼斯，一天之中，你还会坐小艇去哪里？

预设 4：学生聚焦第 6 段说感受时，提到"人们告别，城市归于沉寂"，可启发学生思考：这里的动态和静态描写让你感受到什么？

（三）创意练笔，升华个人情感

1.出示练笔，引导学生完成。

在威尼斯，艇动了，威尼斯就_____；艇停了，威尼斯就_____。

2.组内交流，修改，推选代表。

3.引导学生分享交流，生生互评，教师点评。

（四）感情朗读，表达喜爱之情

1.引导学生练习有感情地朗读：请你带着自己的想象，有感情地朗读你喜欢的语句。

2.教师指名，学生配乐朗读。

（五）小结回顾，梳理所感所得

1.经过本节课你有什么样的收获呢？围绕动静描写来说。

2.课堂总结与作业布置。

课堂总结：回顾课堂收获，用自己的话总结动静描写的效果。

作业布置：读一读课后链接，思考：介绍威尼斯时，三位作家在表达上有什么相似之处？

表 2-7　三篇介绍威尼斯的文章的相似之处

文章	游览途径地	景物的动态美与静态美	作者的感受
《威尼斯的小艇》			
《威尼斯》			
《威尼斯之夜》			

课时 2 《牧场之国》

（一）探究情感，以读促解

1.出示《牧场之国》课后练习题一：有感情地朗读课文。启发学生思考：

这篇课文该如何朗读？

2.引导学生交流。

3.以第二自然段为例，引导学生练习。

（1）教师指名朗读，学生互评，教师点评。对个别语句情感的拿捏可以交由学生探讨。提示：语调轻柔，语速要慢一些。

（2）教师配乐范读，引导学生想象画面。

（3）引导学生自读第 2 段，画出印象深刻的语句。

（4）引导学生交流印象，品赏画面。

预设：可以引导学生关注颜色词或神态词。

（5）引导学生开展小组赛读，互相点评。

4.引导学生自由选择语段，练习朗读。

5.全班分享，说出自己这样读的理由，并用自己的话描绘出脑海中的画面。

（二）深化理解，积累表达

1.引导学生体会"这就是真正的荷兰"的内在含义。作者眼中的荷兰是什么样的？为什么反复强调"这就是真正的荷兰"？

2.学生分享交流。

3.补充作者资料，进一步体会作者对于人与自然和谐共处的向往。

（三）加深印象，迁移表达

1.引导学生观看荷兰牧场风光的影片，加深对动静描写好处的理解。

2.引导学生选择一幅画面，写出你眼中的美丽风光。

3.全班分享交流，教师点评、生生互评。

4.布置作业：练习有感情地朗读《牧场之国》；完善自己的小练笔，组内互相分享。

课时 3 《金字塔》＋交流平台

（一）研读文本，寻找差异

1.引导学生发现两篇短文有何不同之处，小组合作完成下面的表格。

2. 小组合作研读文本，思维碰撞中完善信息。

3. 小组展示，教师点评、协助修改。

预设如下：

表 2-8   两篇描写金字塔的短文对比预设回答

20 课《金字塔》		
《金字塔夕照》	你找到的不同之处	《不可思议的金字塔》
夕阳下的金字塔；金字塔下的遐想	内容不同	胡夫金字塔 古埃及
文字	方式不同	图文结合
语言优美，情境优美	语言表达不同	科学知识多，语言简练
美、神圣、贵重	给人的感受不同	神奇、神秘
……	……	……

（二）传化运用，尝试介绍

1. 引导学生观察表格，说一说自己更喜欢哪一种介绍方式。

2. 出示例文《颐和园》，引导学生学习移步换景的介绍方式。

3. 创设情境，出示胡夫金字塔的详细资料。引导学生尝试介绍。

4. 展示汇报，教师点评，生生互评。

5. 布置作业：推荐阅读《中国儿童地图百科全书·世界遗产（中国篇）》。

模块三   表达交流（1 课时）

一、学习目标

1. 归纳静态描写和动态描写的表达效果。

2. 分享交流动、静态描写的片段。

3. 能对动、静态描写的片段进行评价。

二、学习过程

（一）交流平台，总结收获

1. 引导学生总结三节课所得，阅读"交流平台"。

2. 归纳静态描写和动态描写的表达方法。

（二）学以致用，开展评选

1. 班内开展一次动静描写片段评选活动。

2. 引导学生拿出自己之前的练笔，小组内交流，做最后的修改。

3. 小组评议，推荐一两名代表，参加总决选。

（三）分享交流，强化理解

1. 各小组选出代表，有感情地朗读练笔。

2. 学生互评，投票。

3. 公布结果，选出优胜者，并引导学生再次回顾其作品，说出欣赏其作品的理由。

第二部分　读整本书教学设计
——《中国儿童地图百科全书·世界遗产（中国篇）》
阅读鉴赏（1课时）

一、学习目标

1. 通过导读，激发学生阅读《中国儿童地图百科全书·世界遗产（中国篇）》的兴趣。

2. 感受祖国大好河山之美、人文景观之妙，产生民族自豪感。

二、学习过程

（一）激发兴趣，揭示题目

引导学生和教师进行谈话。

1. 你们喜欢旅游吗？

2. 你去过祖国的哪些地方？

3. 老师也喜欢旅游，接下来我就出示一些景观图，看看你们能认出几个？

4. 这些景观分布在我国各地，被世界文化遗产名录收入其中。你们想不想阅读这本书（出示推荐图书）？

（二）初读目录，激发兴趣

引导学生分享交流。

1. 看目录，你对哪个地方最感兴趣？

2. 你喜欢这本书吗？为什么？

3. 你发现这本书有什么特点吗？

预设：图文结合，知识性强，介绍全面……

（三）观看影片，感受美丽风光

1. 引导学生观看短片，启发学生谈感受：老师给你们播放一段视频，看完告诉我你的感受。

2. 揭示视频源自书中的二维码，启发学生阅读这本书的时候也可以扫码观看风光短片，丰富认知。

（四）布置作业

请你回家仔细阅读这本书，挑选你最感兴趣的一处地方，查阅更多的资料，为向大家介绍这个地方做准备。

第三部分　语文实践活动设计

模块一　表达准备（1课时）

一、学习目标

1. 在介绍一个地方前，整理资料，列好提纲。

2. 能够懂得一次好的介绍需要有恰当的语气、语速，还可以加入动作、表情。

二、活动过程

（一）激发兴趣，营造评选氛围

1. 营造评选"优秀讲解员"的活动氛围。

2. 引导学生回顾自己阅读《中国儿童地图百科全书·世界遗产（中国篇）》的经历，说一说自己想要介绍哪些内容。

（二）整理资料，学做讲解员

1.引导学生整理自己的资料。在学习单的帮助下，学会列提纲。

表 2-9　小小讲解员活动提纲

我是小小讲解员	
主题：	讲解员：
听众的身份：	
1.列一列。定好讲解的主题后，将自己的资料进行分类。 举例： 内容：（如果要介绍博物馆，可以介绍博物馆的建造过程、历任馆长信息、藏品的种类、镇馆之宝……但要注意不用面面俱到，而是抓重点详细介绍，其他可以略讲。） 顺序：（如讲景点，可以列出地点转变的线索；讲特定事件，可以列出事件发展线索；讲解人物的，可以列出人物生平线索。）	
2.做一做。可以根据自己的提纲把关键信息做成小卡片。	
3.讲一讲。借助卡片自己讲一讲。	

2.引导学生展开交流。

3.引导学生在互评中思考：什么样的介绍算是好的介绍？

4.教师小结，相机板书。

借助小卡片，按一定顺序有条理地讲解。

解说图片背后的故事，要让学生体会到景物的静态美和动态美，要注意用词丰富。

运用恰当的语气、语速，且适当加上手势、动作、表情。

（三）自己审视，调整完善

1.引导学生根据上面的要点，进行自我调整。

2.引导学生修改提纲，自己练习讲解。

（四）观看范例、布置作业

1.播放优秀讲解员的视频，引导学生观摩学习。

2.布置作业：自己练习讲解，在家庭内进行展示。

模块二　梳理探究（1 课时）

一、学习目标

能根据听众的反应，对讲解内容做调整。

二、活动过程

（一）小组交流，推选代表

1. 教师引导学生在小组内讲解，组员互相提建议，教师巡视指导。

2. 每组选一名代表，准备在全班展示会上交流。

（二）全班讲解，互动评析

1. 引导小组代表展示。向其他同学强调倾听要求。

教师扮演游客，与学生互动：你好，能为我介绍一下这个地方吗？

2. 其他学生对小组代表的讲解进行评价。

提示：点评时目视同学，先说优点，再提意见，这样别人更容易接受。被点评时要有所回应，面对夸奖要说谢谢，面对意见要虚心接受。

强调：点评重点在于讲解是否有条理，语气语速恰当吗，有没有动作、表情辅助讲解，能否根据听众的反应进行调整。

3. 引导学生继续展示，教师扮演听众。创设一些特殊情境，启发学生根据听众反应做出相应调整。

如：听众表达出想听别的内容；听众面露不解之色，表示听不懂；听众表示对讲解内容不感兴趣……

（三）全班评议，推举最佳

教师引导学生对讲解员的展示进行评价，推选出最佳讲解员。

模块三　表达交流（1 课时）

一、学习目标

能把一处中国的世界文化遗产介绍清楚，完成习作。

二、活动过程

（一）回顾引入，激发兴趣

1. 引导学生回顾上节课讲解活动时的精彩瞬间。

2. 出示习作题目。

（二）运用资料，完成习作

1. 学生回顾本单元动态描写和静态描写，出示例句，引导学生体会其表达效果。

2. 引导学生明确习作顺序。

（1）地理位置—外观结构—历史变化—相关故事—历史价值。

（2）历史价值—地理位置—外观结构—历史变化—相关故事。

3. 引导学生明确习作要求。

能选择一处自己感兴趣的中国的世界文化遗产，清楚地介绍出来。

4. 独立完成习作。

（三）小组交流，完善修改

1. 学生在完成习作后，组内交流，教师巡视指导。

2. 教师挑选典型习作，班级内分享，引导学生总结所得，再次完善自己的习作。

第三章

教"活"篇

风趣幽默是智慧的闪现

——统编版五下第8单元整体教学设计

李　萌　张婷婷

【设计理念】

五年级下册第8单元以"风趣与幽默"为主题，本单元的语文要素是"感受课文风趣的语言"。风趣的语言除了生动有趣、使人发笑之外，往往还能让读者在一笑之余有所回味。此前，三年级上册已经安排过"关注有新鲜感的词语和句子""感受课文生动的语言"等语文要素，本单元再次聚焦语言，让学生感受语言的风趣，是对语言感受力要求的进一步提升。

本单元教学首先应注重引导学生从内容和语言表达两个方面来体会作品的风趣。要注意教学的统一性，不要将内容和语言割裂来讲。教学时可以从课文内容入手，在引导学生体会内容的趣味性、增强对事物或事件的感悟力的同时，引导学生聚焦文本的语言，有意识地感受作品风趣的语言特点。其次要尊重每个学生真实的阅读感受。学生对语言特点的感受，带有一定的主观性，教学时，要鼓励学生大胆表达自己的真实想法，言之有理即可，不要求感受统一、唯一。最后要关注教学内容的前后关联，灵活地安排教学。比如，"词句段运用"所选的例句和段落，大多出自《手指》一文，可在教学该课时，穿插进行"词句段运用"的指导；也可以在教学"语文园地"时，先引导学生简单回顾之前的学习体会，再完成"词句段运用"的学习。又如，口语交际"我们都来讲笑话"需要提前布置任务，给学生收集和试讲笑话的时间。

【内容简介】

围绕语文要素，本单元编排了三篇课文，意在让学生体会课文极具趣味性的语言，激发学生学习语言的热情和兴趣，进一步提升学生的语言品鉴能力。《杨氏之子》是一篇文言文，描写了主客双方围绕姓氏展开的一场巧妙对话；《手指》一文，用拟人化的手法和趣味盎然的语言，把五个性格各异的手指形象写得活灵活现；《童年的发现》则从儿童的视角描述"我"九岁时发现胚胎发育规律的有趣过程，俏皮的语言和幽默的自我调侃令人忍俊不禁。课后题和学习提示在编排上各有侧重：《杨氏之子》引导学生通过主客间对话的内容，感受杨氏之子的机智；《手指》引导学生通过丰富的语句，体会作者语言的风趣；《童年的发现》引导学生体会课文的趣味，交流感受。"交流平台"引导学生对三篇课文内容和语言的风趣之处做梳理和总结。"词句段运用"让学生体会语句的表达特点并进行仿写，学习把事物比作人或把人比作事物来写的方法，提高表达的趣味性。

　　本单元的习作要求是"看漫画，写出自己的想法"，选编了华君武的两幅漫画：一幅讽刺了不劳而获、坐享其成的不良思想和不顾事物发展规律的荒唐行为；另一幅讽刺了社会上无视规则、不遵守社会公德的人。漫画是一种具有讽刺性或幽默性的图画。与之前的看图写话相比，本次习作对学生的思辨能力提出了更高的要求，在读懂图意的基础上，不仅要把漫画的内容写清楚，更要写出自己从中受到的启示。

【单元目标】

一、核心目标

　　体会课文极具趣味性的语言，激发学生学习语言的热情和兴趣，进一步提升学生的语言品鉴能力。

二、常规目标

　　1.随文学习生字、词语。认识"禽、弦、窃、窘"等25个生字，读准多音字"薄"，会写"拇、痒、秽、梁"等18个字，会写"拇指、接触、纽扣、相貌"等9个词语。

　　2.正确、流利地朗读课文。背诵《杨氏之子》。

　　3.能体会、交流、总结课文中语言的风趣，并结合生活实际，说出自己的阅读感受。

4. 能仿照《手指》一文的写作特点，从人的五官中选一个，写一段话。

5. 能讲述两三个笑话，避免不良的口语习惯。能用心倾听别人讲的笑话，做一个好的听众。

6. 能写清楚漫画的内容和可笑之处。能借助标题或提示语，联系生活，写清楚从漫画中获得的启示。

7. 能体会例句把事物比作人、把人比作事物来描写情景的表达特点，并能选择情景仿说。能体会先概括后举例的段落表达方法，并照样子写一段话，表达自己的想法。

【教学设计】

第一部分　教科书教学设计

模块一　阅读鉴赏（2 课时）

一、学习目标

1. 学习生字、词语。

2. 正确、流利地朗读《杨氏之子》，读好句子中的停顿。背诵课文。

3. 能借助注释了解课文大意，并能说出表现《杨氏之子》的故事内容。

二、学习过程

课时 1

（一）初步感知，明确目标

1. 关注单元导语，说说本单元的主题是什么。单元要素是什么。

2. 根据课前预习，说说本单元的几篇课文的语言有哪些共同的特点。

（二）熟读课文，扫清障碍

1. 学生依次读本单元的认读生字，读准字音。

2. 小组学习课后要求会写的生字，交流重点笔画、偏僻部首、多音字补充读音。

3. 初读课文《杨氏之子》，注意读准字音，强调多音字的读音，强调停顿。

（三）总结归纳，布置作业

1.课时梳理：梳理本单元的重点难点生字。

2.作业布置：试背《杨氏之子》。

课时 2

（一）回顾引入，强化巩固

1.默写《杨氏之子》，对书订正。

2.小组合作，结合页下注释和工具书说说课文的意思。

（二）体会机智，感受风趣

1.关注课文中的细节，感受杨氏之子的机智。

2.讨论主客之间的对话有趣在哪里。

3.抓住文中的关键词，反复朗读，体会人物的机智风趣，然后再次背诵。

（三）总结归纳，布置作业

1.课时梳理：梳理杨氏之子的机智。

2.作业布置：预习《手指》，感受《手指》的语言特色。

模块二　梳理探究（2 课时）

一、学习目标

1.默读课文，能说出五根手指各自的作用。

2.能由文中的拇指和食指联想到生活中类似的人，懂得团结才有力量的道理。

3.结合"词句段运用"，体会课文语言的风趣。

4.能找出课文中自己觉得有趣的部分，结合生活实际，说出自己的阅读感受。

二、学习过程

课时 1

（一）默读课文，说出特点

1.默读《手指》，借助关键语句，快速梳理文章结构。

2.画出描写五根手指外形的句子，了解五根手指的作用。

（二）联系生活，揭示道理

1. 作者笔下的大拇指和食指让你想到了生活中的哪些人？和同学交流。

2. 边读边思考，画出本文的中心句，思考这篇文章告诉我们一个什么道理。

3. 请你联系生活实际谈谈收获。

（三）总结归纳，布置作业

1. 课时梳理：梳理五根手指的作用。

2. 作业布置：思考《童年的发现》中我的探究过程。

课时 2

（一）明确特点，体会风趣

1. 默读《手指》，请你画出文中语言有趣的句子，思考为什么这样的语言是有趣的。

2. 结合"词句段运用"的内容体会课文语言的表达特点。

3. 选择"词句段运用"中的一个情景照样子说说，在小组内进行交流。

（二）预习反馈，学会迁移

1. 说说《童年的发现》中我的探究过程。

2. 按照所学，请你画出《童年的发现》中语言风趣幽默的句子，和同学交流。

3. 交流你的童年发现，分享你探究的乐趣。

（三）总结归纳，布置作业

1. 课时梳理：梳理课文语言的风趣之处。

2. 作业布置：准备几个小笑话，讲给大家听。

模块三 表达交流（1课时）

一、学习目标

1. 能仿照《手指》一文的表达特点，从人的五官中选一个，写一段话。

2. 能写清楚漫画的内容和可笑之处。能借助标题或提示语，联系生活，写清楚从漫画中获得的启示。

二、教学过程

（一）联系生活，仿写练习

1.默读"词句段运用"中的例句。学习先概括、后具体的写作方法。回顾课文内容，仿照课文的表达特点，运用先概括后具体的写作方法从人的五官中选一个，写一段话。

2.将你所写的内容和同学们交流。

（二）观察漫画，读懂意图

1.观察书中的两幅漫画，说说这与你平时看到的画有什么不同。

2.再读漫画，读漫画中的图片，读漫画中的文字。

3.结合联想，思考可笑之处。

（三）联系生活，思考含义

1.你从漫画中读出了什么？想想漫画告诉我们一个什么道理。

2.联系生活思考：你生活中有没有与漫画中类似的人或事？生活中面对这样的人你会怎么做？

（四）明确要求，写清思考

1.明确习作的要求。

2.强调在习作中要叙述画面内容，写清楚哪些人在什么地方做了什么，最重要的是要写清楚由漫画引发的思考，表达自己的想法。

（五）自主习作，互相修改

1.自主完成习作。

2.同桌互读，评议修改。

第二部分　读整本书教学设计——《稚子童心》

模块一　阅读鉴赏（1课时）

一、学习目标

1.通过导读，激发学生阅读《稚子童心》的兴趣。

2.通过赏读书中的文章，感受丰子恺风趣幽默的语言风格。

二、学习过程

（一）介绍作者，激发兴趣

1.引导学生进行交流，通过本单元的学习，你最喜欢哪个人物呢？

2.引导学生分享对丰子恺的了解。

预设：漫画家、文学家……

（二）观画品趣

教师：丰子恺先生特别爱读诗，也创作了许多诗配画的作品，接下来我们就先通过这些画作，感受丰子恺先生的幽默。请大家看图猜诗。

引导学生们观图猜诗。

引导学生谈一谈感受。

预设：我觉得丰子恺先生特别有趣，他笔下的人物都很可爱，而且他总是能抓住诗的妙处来作画，我感觉丰子恺先生一定也是特别聪明的人……

（三）读文品趣

1.出示文章《忆儿时》，引导学生阅读。

2.学生画出文中让人不自觉发笑的内容。

3.引导学生小组交流，共找笑点，品读语言的风趣。

4.班级交流分享。

5.学生交流对于丰子恺先生的认识。

预设：我觉得他很聪明，也很善于观察，特别爱思考，创意很多，非常有趣，热爱生活……

（四）小结回顾，自主阅读

同学们，本节课我们通过丰子恺先生的画作和文学作品，感受了他作品之中的风趣、幽默。我们对于丰子恺的认识也更加深刻了，那接下来的时间就请大家快点翻开书，沉浸在风趣幽默的语言之中吧！

模块二 梳理探究（1课时）

一、学习目标

通过分享、朗读、演绎的方式，感受丰子恺先生风趣幽默的语言风格。

二、学习过程

（一）谈话引入，激发兴趣

教师：同学们，我们已经读完了《稚子童心》这本书了，分享一下你的感受。

学生回顾书中内容。教师出示画作，引导学生找到书中相应的情节。

（二）创设情境，再现笑点

1.引导学生进行小组合作，再次演绎文中的笑点。

找出你们组认为最好笑的片段，进行展示，可以采用有感情地朗读、分享感受、表演等形式，再现笑点。

要求：在内容的基础上，思考如何逗笑大家。

2.小组展演。教师点评，生生互评。

（三）总结升华

引导学生谈一谈自己的感受，启发学生进行创作。可以是给丰子恺的散文配画，也可以写一写自己的幽默故事。

模块三　表达交流（1课时）

一、学习目标

能够在交流展示自己的作品的过程中，感受到风趣幽默在日常生活中的重要性。

二、学习过程

（一）分享交流会

1.小组内互相传阅个人作品，互相点评。

2.推选优秀代表，在班级内展示。

（二）思辨探讨

1.你们觉得风趣幽默重要吗？

2.风趣为我们的生活带来了什么？

3.风趣幽默该如何把握尺度呢？与他人交往的过程中，我们的哪些行为才叫作风趣幽默呢?

（三）总结升华

1. 请你结合你对幽默的看法，写一首小诗。

可以提供写作框架"幽默是_____；幽默还是_____"

2. 分享交流。

3. 布置作业：搜集笑话，下节课我们一起来学习如何讲笑话!

第三部分　语文实践活动设计

模块一　表达准备（1课时）

一、学习目标

了解并学习讲笑话的方法，感受笑话语言的风趣和幽默。

二、活动过程

（一）笑话激趣，导入新课

1. 教师讲笑话，学生倾听。

小明洗澡时不小心吞下一小块肥皂，他的妈妈慌慌张张地打电话给家庭医生求助。医生说："我现在还有几个病人在，可能要半小时后才能赶过去。"小明妈妈说："在你来之前，我该做什么?"医生说："给小明喝一杯白开水，然后用力跳一跳，你就可以让小明用嘴巴吹泡泡消磨时间了。"

2. 引导学生交流感受。

预设：在确认小明没有生命危险的前提下，医生的回答非常幽默，充满智慧；让小明妈妈明白事情既然已经发生了，着急是没用的，何不坦然面对；医生用幽默的语言告诉小明妈妈，担心不如宽心，与其白白紧张，不如开心面对。

3. 小结：幽默的语言像闪光的金子，充满了智慧，可以委婉地表达深意，帮助缓解尴尬的境遇，令人更容易接受。我们也来组织一场自己的"笑声传奇"大赛，选拔出最会讲笑话的小选手——班级"笑将"!

（二）走近笑话，学会甄别

1.引导学生交流自己准备的笑话源自哪里。

2.教师根据学生的回答进行分类。

预设：来自电视、广播、网络、书籍、报刊、从别人那儿听来的、自己生活中的真实经历等。

3.引导学生探讨该如何讲笑话。

预设：幽默、短小、内容健康、有智慧、容易听懂。

4.引导学生根据自己的准备情况，精心选择笑话。

（三）学讲笑话，演绎笑点

1.指名讲笑话，师生评议。

教师指名两三位学生讲笑话，在学生评议过程中进行适度点拨。其他学生认真倾听，适当记录。

2.引导学生进行小组讨论，评议他人讲笑话的效果，梳理讲笑话的技巧。

3.小组派代表参与全班交流，教师评议，相机小结。

怎么讲笑话？熟记笑话内容；模仿人物形神；自己不要笑场；克服不良语言习惯。

（四）小结练习

1.引导学生总结本节课的收获。

2.引导学生自主练习讲笑话，为"笑声传奇"的展示做准备。

模块二　展示交流（1课时）

一、学习目标

通过讲笑话、听笑话、评笑话，提升语言的风趣性和个人的幽默感。

二、活动过程

（一）全员参与，组级选拔

1.教师宣布组级"笑将"选拔赛要求。

四人一小组，轮流讲笑话。

要熟记笑话，模仿人物的神情、语气、动作，自己不能笑，逗人的地方特别要讲清楚，让别人听懂，否则不会起到逗人的效果。

用心倾听别人讲述的笑话，从中感受到快乐。

2. 小组成员轮流讲笑话。

3. 小组成员互相评价，评选出组级"笑将"。

（二）代表展示，笑将决选

1. 教师做主持人，组级"笑将"上台讲笑话。

2. 其他同学用心倾听，做一个好的听众兼评委。教师根据评委的意见引导要点：有没有熟记；有没有做到模仿；自己有没有笑；讲述过程是否流畅……

3. 评委投票评选出班级"笑将"（名额不限）。

（三）课堂小结，延续快乐

1. 教师小结。

同学们，在"笑声传奇"之"笑将"选拔赛中，我们学会了讲笑话，评选出了班级"笑将"，不仅感受到了笑话的幽默和有趣，而且让人笑过之后还能领悟出深刻的哲理。这就是语言的艺术。

2. 拓展实践。

搜集、积累笑话，选择两到三个精彩的笑话说给自己的同学或家人听。注意讲笑话的小技巧哦。

分清主次话风俗

——统编版六下第 1 单元整体教学设计

王丹阳

【设计理念】

统编教材六年级下册第 1 单元以"民风民俗"为主题，包括三个部分：课文、习作和语文园地。本单元的人文主题充满了浓郁的民俗风情，有着深厚的文化内涵，能让学生充分体会民族文化的博大精深，感受中华传统习俗中蕴含的人情美、文化美，激发学生对祖国传统文化的热爱。

本单元的语文要素是"分清内容的主次，体会作者是如何详写主要部分的"，这是在学生已经学习过的"如何把握文章的主要内容""怎样围绕中心意思来写"等要素基础上的延伸。阅读时要分清内容的主次，领会作者要表达的意思，还要学习作者是如何根据要表达的主要意思，把主要部分写详细的，教材从阅读和表达两个方面都提出了要求。本单元的课文详略安排得当，中心突出，为学生提供了很好的学习范例，课后练习引导学生把握详略安排及其效果，学习作者是如何详写主要部分的。"交流平台"引导学生交流分清文章主次的意义以及如何根据表达的需要安排详略，体现了单元编排上的整体性。

本单元的习作话题是"家乡的风俗"，紧密结合本单元的人文主题，引导学生从阅读走进生活，探寻自己身边的民风民俗。习作要求是"注意抓住重点，写出特点"，符合本单元的语文要素，要求学生根据自己的表达需要，确定习作的重点内容，体现了从阅读到表达的有序过渡。

【内容简介】

围绕人文主题和语文要素，本单元编排了《北京的春节》《腊八粥》《古诗三首》三篇精读课文、《藏戏》一篇略读课文，这几篇文章虽然体裁和题材不同，但内容紧密联系，旨在让学生对各地的民俗有初步的了解与感受，并从习以为常的日常生活和普通事物中，发现民俗之美。《北京的春节》一课是老舍先生 1951 年创作的一篇散文，作者用朴素自然、充满浓郁"京味儿"的语言，将老北京的春节习俗娓娓道来，为我们展开一幅老北京的民俗画卷。其中，"腊八节""小年""除夕""初一""元宵节"这几天最能表现北京独特的春节习俗，也是春节期间的几个高潮，所以作者将这几天作为全文的重点进行细致描写。《腊八粥》一课是沈从文先生早年的小说《腊八粥》的前一部分，作者用极其细腻的笔触，通过小孩八儿的视角，写他"等粥、喝粥"的过程，将其乐融融的生活场景和浓郁的生活气息一并浓缩进"腊八节"的风俗画面中。本文中"等粥"的过程是课文的主要部分，共呈现了"盼粥、分粥、猜粥、喝粥"四个生动的场景，使天真烂漫的儿童形象跃然纸上。《古诗三首》一课选取了与我国传统节日习俗或传说有关的三首古诗，其中《寒食》和《十五夜望月》分别描写了我国传统的寒食节和中秋节的习俗，《迢迢牵牛星》借牛郎织女的传说抒发了诗人的忧思。《藏戏》一课介绍了藏戏的形成和艺术特色，让学生感受到少数民族风情和地域文化特色。本单元习作的话题是"家乡的风俗"，要求学生介绍家乡的一种风俗或者是参加一次风俗活动的经历。本次习作话题不仅与单元主题紧密结合，而且贴近学生的生活实际，使学生有话可说，有内容可写。语文园地中的"交流平台"主要引导学生交流、分清文章主次的意义，以及如何根据表达的需要安排详略。在"词句段运用"中也安排了传统习俗的寓意的积累，丰富学生对传统文化的认识。为此，拓展阅读汪曾祺的《故乡的元宵》、冯骥才的《花脸》、肖复兴的《花边饺》、冰心的《腊八粥》等与本单元课文主题、题材相关的阅读资源，在课内外阅读相结合中，进一步增强学生对民间习俗、民间艺术的认识，丰富学生的阅读积累与文化积累，提升阅读能力。

【单元目标】

一、核心目标

通过阅读了解课文内容，体验丰富多彩的民风民俗，感受中华文化的博大精深，中华习俗的人情美、文化美；分清内容主次，体会作者是如何详写主要部分的；习作时注意抓住重点，写出特点。

二、常规目标

1.随文学习生字、词语，会写"蒜、醋、饺、摊"等 34 个生字。会写"热情、自傲、腊八粥、感觉"等 38 个词语。背诵《古诗三首》，阅读《长歌行》。

2.通过阅读课文，能分清课文内容的主次，了解课文的详略安排及效果，体会详写主要内容的好处。

3.体会课文不同的语言风格，感受丰富的民俗文化。

4.在介绍风俗或自己参加的风俗活动的经历时，根据需要安排详略。

5.根据表达的需要，抓住重点内容进行写作。

本单元教学设计从教科书教学、整本书阅读教学、语文实践活动教学三个方面展开。使学生通过品读、自读感受丰富的民俗文化。通过交流、分析分清课文内容的主次，体会作者是如何详写主要部分的。通过习作，学会根据表达的需要抓住重点，写出特点。梳理单元内容，整合本单元语文要素，使学生从整体上把握单元脉络。在构建课内外联系的过程中，阅读《故乡的元宵》《花脸》《花边饺》《腊八粥》等与本单元课文主题、题材相关的阅读资源并开展语文实践活动，进一步增强学生对民间习俗、民间艺术的认识。

【教学设计】

第一部分　教科书教学设计

模块一　夯实基础（2 课时）

一、学习目标

1.随文学习生字、词语，会写"蒜、醋、饺、摊"等 34 个生字。会写"热情、自傲、腊八粥、感觉"等 38 个词语。

2.读课文，感受不同地区或节日不一样的民俗文化。

3.分享自己了解的风俗，了解可以从哪几个方面来介绍风俗。

二、学习过程

课时 1

（一）创设情境，激趣导入

1. 谜语导入，猜猜谜语说的是哪个节日。

2. 对这些节日，你了解哪些风俗？关于这些节日你还想了解什么？

3. 请你先看本单元的导语，再看这些节日分别出现在哪一课。（板书课题，齐读。）

（二）初读感知，学习字词

1. 初步了解课文和作者。两个名家：老舍、沈从文；两个诗人：韩翃、王建；一部著作《古诗十九首》。

2. 初读课文，画出课文中的生字、词语。

3. 小组自学生字、词语，可按照自己喜欢的方式给字词进行归类。

4. 出示生字、词语，检查自学情况，提示易错知识点。

5. 学生提出自学中发现的问题，学生相互答疑，教师答疑。

（三）再读课文，了解大意

1. 再读四篇课文，在文中画一画文章中分别介绍了哪些风俗。

2. 小组合作完成自学表格，交流反馈。

表 3-1　第 1 单元自学表格

课文	时间	风俗
《北京的春节》		
《腊八粥》		
《古诗三首》		
《藏戏》		

3. 作业布置：你还知道我国的哪些节日或地方风俗？根据上表填写的时间和风俗，说说自己喜欢的理由。

课时 2

（一）作业反馈，交流自己喜欢的风俗，并说明理由

1. 学生用讲风俗故事、谈个人经验等各种方式展示自己的作业。

2. 学生互评，分析判断学生交流的内容是否恰当，语句是否连贯、流利。

（二）思考在展示自己喜欢的风俗的过程中，重点讲什么

通过上一环节的作业交流，让同学们找到共同点：这些同学重点讲的是什么？

同学们通过交流发现：

1. 关于风俗来历的传说故事。

2. 自己参加风俗活动的亲身经历。

这些都是同学们重点讲的内容，而去哪里参加活动、怎么去参加的这些内容可以简单带过。

（三）课时梳理及布置作业

1. 总结本节课的收获。

2. 作业布置：

你的家乡有哪些风俗习惯？根据课上学习的方法，想想可以分几方面来介绍。

根据自己的想法绘制思维导图。

模块二 梳理探究（1课时）

一、学习目标

1. 在充分阅读的基础上，分清文章内容的主次。

2. 体会作者是如何详写主要部分的。

二、学习过程

（一）结合课后习题分清文章内容的主次

1.《北京的春节》课后习题：默读课文，想想课文是按照怎样的顺序写老北京人过春节的过程的，哪几天写得详细，哪几天写得简略，再讨论一下这样写的好处。

预设：学生在交流中发现，腊八、小年、除夕、初一、元宵节是详细写的，而腊月初旬、初五初六、正月十九等是简略写的。这样写的好处是：详略结合，重点突出，主次分明，使北京的春节给人留下深刻的印象。

2.《腊八粥》课后习题：课文主要写了等粥和喝粥两部分内容，说说哪部分写得详细，哪部分写得简略，想想这样写有什么好处。

预设：学生在交流中发现，等粥写得十分详细，分别写了八儿在等粥的过程中心情的变化，喝粥的过程写得简略。这样写的好处：重点突出八儿想吃腊八粥的急切心情。

（二）"交流平台"总结方法

1. 为什么这样写？（根据作者想要重点表达的意思决定的。）

2. 分清文章主次，就能领会作者想要表达的主要意思。

（三）实践演练

1. 阅读《藏戏》一课，说说哪些内容写得详细，哪些内容写得简略。

预设：学生自学发现，有关藏戏的面具和演出的内容写得比较详细，而有关藏戏的传承的内容写得比较简略。

2. 作者为什么这样安排？

预设：学生交流发现，这篇课文主要写藏戏的特点，而它不同于其他戏剧的特点在于面具、演出没有舞台、演出时间长这三方面，所以详写。在传承方面与其他戏剧大体相似，所以略写。

（四）课时梳理及布置作业

1. 总结本节课的收获。

2. 作业布置：仔细思考，如果让你介绍一种风俗习惯，你会详细介绍哪一点？简单介绍哪一点？

模块三 表达交流（3课时）

一、学习目标

1. 品读文章，体会不同文章的语言风格。

2. 仿照文章语言特色进行练笔。

3. 能够修改自己的练笔，使习作内容具体，语句通顺。

二、学习过程

课时 1

（一）学习古诗

1.发挥想象，用自己的语言描绘画面，体会诗人表达的情感。

2.同桌交流，互相指导。

（二）古诗话风俗

1.这三首古诗分别与哪些传统节日有关？

2.你还知道哪些古诗写到了传统节日和习俗？与大家分享。

（三）课时梳理及布置作业

1.总结本节课的收获。

2.作业布置：积累有关传统节日和习俗的古诗，把其中的故事讲给爸爸妈妈听。

课时 2

（一）复习巩固单元语文要素

本单元课文中重点写了什么？简略写了什么？为什么这样写？

（二）出示例句，体会老舍"京味儿"语言的特点

1.读例句，读准音，弄清意思。

例：读下面的句子，注意加点的词语，体会老舍"京味儿"语言的特点。

（1）孩子们喜欢吃这些零七八碎儿，即使没有饺子吃，也必须买杂拌儿。他们的第二件事是买爆竹，特别是男孩子们。恐怕第三件事才是买玩意儿——风筝、空竹、口琴等，和年画。

（2）腊月和正月，在农村正是大家最闲在的时候。

2.说一说有什么语言特点。

（1）加点的词语"零七八碎儿""杂拌儿""玩意儿"都使用了儿化音，这是典型的北京地方方言的特征，体现了地道的北京话的特点，读起来让人感觉到"京味儿"十足。

（2）加点的词语"闲在"，是清闲自在的意思。这个词语出自北京市民的口语，用在这里显得朴素自然，流畅通达，明白如话，通俗易懂，读起来感觉亲切有味儿。

（三）找出细腻描写腊八粥的语句，读一读，和同学交流感受

1. 自学文章，画出语句，把自己的感受批注在旁边。

2. 小组分享自学成果。

3. 全班交流。

（四）小练笔初试身手

1. 出示小练笔：仿照文中写法，写一种自己喜爱的食物。

思考想写的食物有什么样的特征。

选择合适的描写手法。（比喻、拟人、排比等。）

想象自己吃到这种食物时的心情。

尝试练笔。

2. 写完之后小组互评修改。

3. 小组推选出优秀作品，全班交流、展示。

（五）课时梳理及作业布置

1. 总结本节课的收获。

2. 作业布置：哪些写作手法可以运用到描写家乡的风俗这篇习作当中？结合上几节课积累的素材尝试写作。

课时 3

（一）交流赏析

1. 教师选出典型练笔进行赏析。

教师选出好、中、差有代表性的习作 3 篇，进行讲解赏析，定出评价标准。

2. 小组成员进行习作赏析。

（二）练笔修改

1. 学生根据习作评价标准修改自己的习作。

2. 同桌互相修改。

（三）选优秀作品

小组推选优秀小练笔进行展览。

第二部分　相类文章阅读教学设计
——《除夕》《故乡的元宵》《花脸》《花边饺》《腊八粥》

模块一　阅读链接（1课时）

一、学习目标

1.对比《北京的春节》和阅读链接《除夕》，感受有何不同。

2.说一说自己家乡的春节有什么特殊的习俗。

二、学习过程

（一）读"阅读链接"分析异同

1.回顾《北京的春节》中除夕当天北京人都会做哪些事情。

2.对比"阅读链接"中的《除夕》与《北京的春节》，发现异同。

表 3-2《除夕》与《北京的春节》两篇文章的异同

	相同点	不同点
《除夕》		
《北京的春节》		

（二）分享成果

1.谁愿意说一说自己的发现？要求说清楚相同点与不同点。

2.在评价过程中，如果你发现发言同学找到的相同点或者不同点不鲜明，或语言概括不是很准确，你还可以提出修改的意见。

3.如果同学们都认同发言同学的意见，这位同学可以把自己的发现写在黑板上。

（三）归纳特点

通过观察黑板上呈现的相同点和不同点，归纳其类型，发现是从写作方法、写作内容、表现手法、思想感情等方面归纳出的异同。我们今后在分析文章或者在写作过程中也可以着重从这几个方面入手来进行分析或写作。

模块二 阅读鉴赏（1课时）

一、学习目标

1.通过阅读，进一步增强学生对民间习俗、民间艺术的认识。

2.丰富学生的阅读积累与文化积累，提升阅读能力。

二、学习过程

（一）激发兴趣，引出课题

1.通过本单元的学习，你了解了哪些传统节日及文化习俗？

2.你最喜欢其中哪个节日？与大家分享。

3.今天就让我们一同欣赏来自四位不同作家的文章，看看里面蕴藏着什么样的风俗。

（二）初读文章，整体感知

1.默读文章，你有什么发现？（可以是相同点，也可以是不同点。）

预设：相同点：都和春节习俗相关；都是记叙文；描写都很优美。不同点：虽然都和春节习俗有关，但是做的事情不一样。

2.你最喜欢哪篇文章？为什么？

（三）深入阅读，品味语言

1.小组合作，完成表格。

表 3-3　四篇课文的详略与令人深刻的内容描写

	详细写了什么	简略写了什么	令我印象深刻的内容
《故乡的元宵》			
《花脸》			
《花边饺》			
《腊八粥》			

2.交流分享

可以借鉴上节课的学习内容，从写作方法、写作内容、表现手法、思想感情等方面分析几篇文章的异同。

模块三　表达交流（1课时）

一、学习目标

1.介绍自己家乡的一种风俗习惯，或写一写自己参加的某一次风俗活动的经历。

2.合理表达自己对这种风俗习惯的看法与感受。

3.写好以后和同学分享，根据同学的意见进行修改、完善。如果有条件，可以将全班同学的习作集中在一起，编成一本民俗作品集。

二、学习过程

（一）谈话导入

1."十里不同风，百里不同俗。"请同学们说一说，从《北京的春节》《腊八粥》《古诗三首》《藏戏》中，你们了解了哪些民风民俗。

2.民风民俗是与民族文化有关的风俗习惯，它是一种文化，是在长期历史发展过程中形成的。今天，我们就一起来说一说家乡的风俗。

（二）交流风俗习惯

1.鼓励学生说说自己对哪种风俗习惯最感兴趣。也可以请学生介绍一下自己的亲身感受，或者说说自己家乡的风俗习惯。

2.请学生根据自己的生活经验和课前准备，在小组内交流：你为大家介绍了家乡的什么风俗习惯？有哪些有意思的活动？你的经历和感受是什么？

3.表达交流。小组成员交流后，派代表在全班进行展示；要求说出自己的亲身经历和感受，并且谈谈自己的想法。学生从中感受不同的民俗活动，感受民俗活动的多样性。

（三）编写习作提纲

1.鼓励学生根据了解的风俗活动或者自己感兴趣的风俗活动，编写提纲。选取材料时要注意详略得当。

2.习作提纲的要求。

你要介绍的风俗活动是什么？

它的主要特点是什么？你打算从哪些方面来介绍？

哪一部分要作为重点进行具体介绍？

根据其特点，自拟题目。

3.针对学生编写过程中遇到的问题，教师指导。

（四）尝试写作、修改

1.鼓励学生根据自己的写作提纲，完成习作草稿。

2.小组内分享、交流、找问题、评价。

3.品评写得好的文章，教师集中讲解学生在写作过程中遇到的问题，鼓励学生修改、完善习作。

第三部分　语文实践活动设计

模块一　表达交流（1课时）

一、学习目标

1.结合本单元课文，说说文章中哪些内容写得详细，哪些内容写得简略，体会作者的思想感情。

2.揣摩优美的语句，体会用不同词语表达相同意思的好处。

3.了解民间习俗的寓意，说说有吉祥寓意的习俗，和同学交流。

二、活动过程

（一）回顾课文

1.《北京的春节》这篇文章共有几个自然段？（14个）

2.通过观察每个段落（比较字数），你有什么发现？（有的段落字数多，有的段落字数少，中间几个自然段的字数差不多。）

3.哪些内容作者写得比较详细？哪些内容只是简单地写了几句话？

4.作者为什么不把每个段落都写得一样长？作者想突出表达什么？这样写有什么好处？（有详有略是为了突出重点，作者主要是想介绍北京的春节的独特习俗，这样写可以让重点突出。同时，简要介绍能够让文章更加立体、全面，详略得当让整篇文章有韵律感，更有美感。）

5.这篇文章主要描写了什么内容？（这篇文章描写的是老北京人过春节时的习俗和场景。）

（二）揣摩优美词句，体会其中的趣味

请学生读课本第 15 页的句子，说说加点的部分在同一句子中的含义是否一致。

请学生说说不同的词语在同一句子里的意思。

说说在句子中用不同的词语表达相同意思的巧妙之处。（可以避免重复，让文章更有文采和趣味。）

教师小结：加点的部分有一个共同的特征——意思相近。我们在写作时，也可以采用这种方法来增强文章的趣味性。

（三）了解习俗寓意和习俗活动

我们生活里有很多习俗，习俗简单来说就是人们长期形成的一种生活方式。而人们为了有好的寓意，通常会赋予这些习俗活动一个吉利的说法，如过年的时候吃年糕，寓意"万事如意年年高"。

我们生活中还有其他有吉祥寓意的习俗，如冬至时吃饺子，寓意耳朵不受冻；过年时贴对联，寓意辞旧迎新、驱邪保平安；春节前倒贴福字，寓意福气已到……

你还知道其他习俗活动及其吉祥寓意吗？

预设：泼水节相互泼水，寓意去除污秽，迎接美好；元宵节吃汤圆，寓意合家团圆；过年的时候吃鱼，寓意年年有余万事足；在建筑上雕刻蝙蝠，寓意福从天降事事顺。

小组交流，完成课本中的习题。教师指名回答，全班交流。

模块二　品读鉴赏（1 课时）

一、学习目标

1.书法鉴赏：观察行楷的特点，试着写一写，提高书写速度。

2.古诗鉴赏：有感情地朗读、背诵《长歌行》，了解其大致含义。

二、活动过程

（一）书法鉴赏，感受汉字的魅力

1.观察行楷的特点，教师指名说一说。

2.尝试书写。

教师提醒学生注意坐姿和握笔姿势。

学生练习书写，看看写字速度和字体有没有变化。

师生交流提高书写速度的技巧。

（二）古诗鉴赏，了解大致含义

1.学生快速诵读《长歌行》，尝试理解古诗的意思。

2.教师简要介绍古诗大意和作者想要表达的思想感情。

3.剧目表演。学生以剧目表演的方式，想象《长歌行》中描写的情景，感受诗人的思想感情。

跟着外国文学名著的脚步，去发现更广阔的世界

——统编版六下第 2 单元整体教学设计

芮雪飞

【设计理念】

统编小学语文六年级下册，沉淀课程改革的先进理念和成功经验，注重培养学生的创新能力和实践能力，积极倡导自主、合作、探究的学习方式，加强语言和生活的联系，致力于构建开放的、富有活力的教学体系，全面提高学生的语文素养。单元内部的横向联系紧密，使各版块内容形成合力，共同促进学生语文素养的发展。单元导语明确了语文要素——"精读""略读""快乐读书吧"三位一体的阅读体系，课文中落实语文要素，贯穿方法的学习与运用。精读课文，从朗读理解、积累运用、拓展实践等维度进行设计，着眼于提高学生的阅读理解能力，促进学生的语言积累与运用、启迪思维、培养学生的语文实践能力，并推荐学生阅读外国文学名著，为学生提供了更多的选择空间。略读课文指向"粗知文章大意"，它的另一个功能是迁移运用精读课文中学到的方法。在"语文园地"中安排"快乐读书吧"，带动学生课外阅读，采用不同形式推荐书目，为学生提供了更多的选择空间，体验到更多的阅读乐趣，使课外阅读课程化。

【内容简介】

第 2 单元是外国文学名著单元，《鲁滨逊漂流记（节选）》前有梗概，后有节选，梗概落实单元"借助作品梗概，了解名著的主要内容"这个要素，节选聚焦具体的情节和人物，通过事件和描写人物的语句来表现人物特点，文末的"泡泡"又将节选片段与梗概勾连起来，提示学生要有读整本书的意识，迁移运用精读课文的学习方法，关注情节和人物，并有自己的评价和思

考。围绕人文主题和语文要素，本单元编排了精读课文《鲁滨逊漂流记（节选）》。略读课文《骑鹅旅行记（节选）》《汤姆·索亚历险记（节选）》，"口语交际·同读一本书"从不同角度推动学生倾听、表达和应对能力的发展。习作则是"写作品梗概"，让学生写一篇作品的梗概，突显习作在社会交际中的作用，激发起学生主动写作的内驱力。"语文园地"中的"交流平台"则是在回顾总结的基础上，对学生的多元化、多角度思考提出了要求。阅读方法的回顾和拓展：了解人物性格，对人物进行评价，发表自己的看法。"快乐读书吧"让学生漫步世界名著花园，带动学生阅读外国文学名著。

【单元目标】

一、核心目标

借助作品梗概，了解名著的主要内容。梗概是对作品内容的浓缩和概括，了解作品梗概是把握名著内容的方法之一，还能针对人物和情节交流感受，写梗概能够进一步培养学生的概括能力。

二、常规目标

1. 会写 15 个字，会写 20 个词语。
2. 能借助作品梗概，了解名著的主要内容。
3. 能就印象深刻的人物和情节交流感受，对人物做出简单的评价。
4. 能产生阅读原著的兴趣。
5. 能引用原文说明观点，使观点更有说服力，能分辨别人的观点是否有道理，理由是否充分。
6. 能选择一本自己读过的书，写作品梗概，能与同学分享自己的梗概，并根据反馈进行修改。
7. 感受不同译者对相同内容的不同表达，增强译文意识。
8. 能了解作品的写作背景，体会作者通过文字传达的情感和思想内涵。

梳理单元内容，整合本单元语文要素，使学生从整体上把握单元脉络，在构建课内外联系的过程中整合单元学习。本单元教学设计围绕教科书教学、外国名著阅读教学、语文实践活动教学三个方面展开。

【教学设计】

第一部分　教科书教学设计

模块一　外国名著（节选）鉴赏（2 课时）

一、学习目标

1. 会写 15 个字，会写 20 个词语。

2. 能借助作品梗概，了解名著的主要内容。

3. 能就印象深刻的人物和情节交流感受，对人物做出简单的评价。

二、学习过程

课时 1

（一）引导激趣，整体感知

1. 先看单元导语，清楚整单元的学习宗旨。

2. 出示梗概部分，组织学生默读并猜测书名。

（二）跟随外国名著，发现更广阔的的世界

1. 默读课文，概括节选的主要内容，明确节选在小说中的位置。

2. 引导学生填写表格。

表 3-4 《鲁滨逊漂流记（节选）》简要内容概括

鲁滨逊遇到的困难	克服困难的办法	主要内容

3. 初步判断位置，从而激发学生的阅读兴趣。

4. 把握人物心态的变化，对人物做出评价。

5. 写字指导：窝、宴、覆。

（三）梳理与作业设置

1. 能借助作品梗概，了解名著的主要内容。

2. 作业布置：在荒岛上发生了那些事？用小标题的方式写一写。

课时 2

（一）预习反馈，交流

1. 预习作业反馈，同学交流。

2. 组织同学交流汇报，相互补充。

3. 根据表格概括出小标题。

（二）重点讲评表格，抓住梗概把握小说的内容和情节

1. 小组讨论。鲁滨逊遇到困难时，他的心态发生了怎样的变化？你觉得鲁滨逊是个怎样的人？

2. 结合节选后面的"泡泡"提示，推断它在小说的哪部分。

3. 能借助作品梗概，了解名著的主要内容，能就印象深刻的人物和情节交流感受，对人物做出简单的评价，产生阅读原著的兴趣。

4. 共学活动，选择段落。（选择3—5、6、7—8、9—10自然段中的两个部分，想一想写了鲁滨逊的哪件事。）选用各段的中心词句提炼小标题，语言要精练。

板书：

流落荒岛→建屋定居→养牧种植→救"星期五"→回到英国

（三）共学汇报课时梳理及布置作业

1. 总结本节课的收获。

2. 作业布置：遇上困难和烦恼，像鲁滨逊一样把好处与坏处列出来，这样有什么好处？

模块二　梳理与探究（1课时）

一、学习目标

1. 借助目录里的标题，猜想故事情节，产生阅读原著的兴趣。

2. 能交流印象深刻的情节，根据课文内容和生活经验，做出简单评价，能产生阅读原著的兴趣。

二、学习过程

（一）了解作家和作品，初步了解略读课文主要内容

1. 了解作家及作品，进行简单介绍。

2. 默读课文，引导学生梳理概括各部分的主要内容，分列小标题。

（二）交流阅读的感受

1. 用表格的形式帮助学生梳理信息，弄清主人公的心理变化。

2. 帮助学生理清人物之间的关系。

大人：波利姨妈、撒切尔太太、撒切尔法官、道格拉斯寡妇、印江·乔埃。

孩子：汤姆、贝琪、哈克。

3. 融入小说情节，感受人物特点，学生自由发言。

4. 试着结合小标题概述文章的主要内容。

出示课件：

第1段，归来前：俩人失踪，亲朋悲痛担忧。

第2-15段，归来后 ｛ （2-3）两人归来，亲朋欢庆
（4）汤姆讲述历险经历
（5-15）汤姆探望伙伴

5. 了解作者马克·吐温。

6. 结合“语文园地”体会不同译者笔下《汤姆·索亚历险记》中的句子，读一读，说说更喜欢哪一个。

分辨别人的观点是否有道理，理由是否充分。

（三）总结交流收获，延伸交流话题

1. 知道引用原文证明观点的重要性，反思自己的观点是否明确、标的效果是否满意，鼓励学生课后继续交流。

2. 结合“快乐读书吧”组织活动。

3. 组织学生阅读“小贴士”，理解阅读要素。

4. 提示学生边读边做读书笔记，丰富阅读收获。

5. 组织学生交流讨论阅读过程的思考和积累。

6. 作业布置：选一本世界名著进行整本书阅读，读后与同学进行交流，

思考作者的想法。

7. 教师小结。

模块三 表达与交流（1课时）

一、学习目标

1. 自由读句子，思考表达上有什么共同的特点。

2. 交流不同译者笔下《汤姆·索亚历险记》中的句子给你带来怎样的不同感受。

二、学习过程

1. 读句子，体会加点词语的意思及作用。

2. 通过多种形式，鼓励学生说说自己的真实感受。

3. 师生交流，适当总结：外国文学作品译者不同，要关注作品的译者，有自己的爱好选择。

4. 作业布置。

5. 小结：每个人都对文句有自己的理解，突出学生的生活经验的作用。

第二部分 读整本外国名著教学设计
——《鲁滨逊漂流记》《骑鹅旅行记》《汤姆·索亚历险记》
《爱丽丝漫游奇境》

模块一 外国名著阅读鉴赏（2课时）

一、学习目标

1. 能产生阅读世界名著的兴趣，自主规划、阅读《鲁滨逊漂流记》《骑鹅旅行记》《汤姆·索亚历险记》《爱丽丝漫游奇境》。

2. 能了解作品的写作背景，体会作者通过文字传达的情感和思想内涵。

3. 能做读书笔记，与同学交流阅读收获。

二、学习过程

课时 1

1.通过多种形式激发阅读兴趣。

出示课件:

(1)船触礁以后鲁滨逊上船搜寻有用的东西,下列哪一项不是他发现的?(答案:B)

A.手枪　　B.指南针　　C.英镑　　D.面粉

(2)鲁滨逊几岁时重返自己的祖国?(答案:C)

A.45 岁　　B.50 岁　　C.55 岁

(3)鲁滨逊第三次出航极为不幸,他们遇到了(土耳其海盗),被俘虏,变成了奴隶,逃出后抵达巴西,在那里独自经营一个(种植园),生活过得很顺遂。

2.利用作品梗概激趣。

3.利用曲折的故事情节激趣。

4.出示经典评论激趣。

5.利用插图和其他艺术形式激趣。

6.制订阅读计划,合作共读。

表 3-5 《鲁滨逊漂流记》阅读交流表

书名	《鲁滨逊漂流记》
作者	
我感兴趣的内容	
我最想讨论的话题	

7.关注阅读策略指导,明确阅读方法。

8.做好阅读记录。

9.作业布置:准备分享自己的阅读方法及收获。

课时 2

（一）学习阅读小贴士

有些名著读起来比较难，不像流行读物那样通俗易懂，但想到能成为经典的书不简单，是人类的智慧结晶，你就会让自己沉下心来读，越读越有味。

先大致了解名著的写作背景，能够帮助我们理解作品的内容和价值。读的时候如果能做一些读书笔记，收获就更大了。

（二）交流阅读经典名著做读书笔记的方法

1. 了解写作背景。

2. 批注。

3. 摘抄。

4. 画图谱。

5. 梳理全文结构，体会内涵。

（三）运用本节课的阅读方法，完成读书笔记

表 3-6 《爱丽丝漫游奇境》读书笔记

方法	我的分享
了解写作背景	
批注	
摘抄	
画图谱	
梳理全文结构 体会内涵	
其他	

（四）总结升华

我们还要多阅读世界名著，注意内化、转化，逐渐提升自己的阅读素养。开阔眼界，丰富知识，启迪智慧。

模块二 回顾与探究（1课时）

一、学习目标

1.同学共读一本书，开展班级读书会。

2.围绕感兴趣的、值得讨论的话题交流读书心得。

3.培养学生勇于表达自己想法的意识。

二、学习过程

结合"口语交际·同读一本书"，围绕大家的兴趣选择《鲁宾逊漂流记》或《骑鹅旅行记》，通过阅读提高学生引用原文内容进行交流评价的水平。

（一）填写读书记录卡，了解读书交流话题

表3-7 读书记录卡

书名	
作者	
我感兴趣的内容	
我最想讨论的话题	

（二）交流话题的选择

这本书讲了什么样的故事？

你怎样评价主人公？你对哪个人物印象最深？为什么？

有没有什么地方让你觉得很困惑，或是感到奇怪？

读到这本书你想到了哪些相似的书，或是想到生活中的哪些人？

故事的结局你喜欢吗？如果你来写这个故事你会怎么写？

（三）交流贴士

引用原文说明观点，使观点更具有说服力。

分辨别人的观点是否有道理，讲的理由是否充分。

模块三 口语表达与交流（1课时）

一、学习目标

1. 激发学生的表达兴趣，做到围绕话题展开讨论有条理。

2. 利用实例说明观点。

二、学习过程

（一）学生交流

想一想围绕这个话题谈论哪些具体内容。

借助批注梳理思路，深入地表达自己的想法或观点。

从书中找找出例子来说明自己观点，表达观点时要以内容为依据。

要勇于表达自己的真实想法，哪怕你的想法与大多数人都不一样。

（二）交流读书记录讨论表

表3-8 读书记录讨论表

书名		
讨论的话题		
我的想法和观点	（原文依据）	（原文页码）
……		
……		

听了同学们的发言后，你对这本书是否有了新的想法，把它写下来和大家分享吧。

总结：结合表格引导学生进行话题的选取，表达自己的观点，激发表达兴趣。

第三部分 语文实践活动设计

模块一 外国阅读鉴赏（2课时）

一、学习目标

1. 引导学生回顾本单元或之前学过的课文，谈谈对人物的深刻印象及原因。

2.结合"交流平台"谈谈得到的启示和收获。

二、学习过程

课时 1

1.小组内分别阅读交流内容。

2.完成阅读表格。

表 3-9　学生印象深刻的文章及人物

课文名称	人物名称及印象	产生印象的原因

3.引导学生谈谈对人物的语言、动作、神态等描写对评价人物有什么作用。

出示课件：

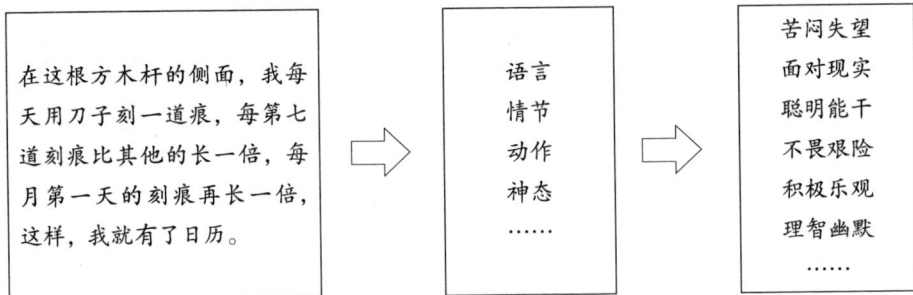

4.小试牛刀。

以《三国演义》为例谈谈人物描写的方法及作用。

表 3-10　《三国演义》阅读记录表

书名	阅读内容	评价方法	多方面评价
《三国演义》			

课时 2

（一）组织学生进行阅读交流

1.体会夸张手法的表达效果，并发挥想象仿写句子。

板书：

　　词语：饿　安静　厚　盼望　喜欢

　　例子：描写内容——安静

　　　　　想象情境：放学后教室里安静的时候是怎样的。

　　　　　夸张描写：放学后教室里安静得能听见针掉落的声音。

2.学生自由选择词语进行仿写。

3.全班交流，关注夸张手法是否得当。

（二）日积月累

1.通过多种形式引导学生背句子。

2.交流对句子的理解。

"读书须用意，一字值千金。"

"莫道君行早，更有早行人。"

"路遥知马力，日久见人心。"

"近水知鱼性，近山识鸟音。"

（三）概括总结升华

补充学习资源，扩大积累范围。

（四）作业

1.收集有关的谚语和格言。

2.梳理对人物进行评价的方法。

总结：体会夸张手法的表达效果，并发挥想象仿写句子，激发学生的表达兴趣。

模块二　回顾与探究（1课时）

一、学习目标

1.回顾《鲁滨逊漂流记（节选）》的梗概。

2.结合实例了解梗概的作用和目的，激发学生的学习动力。

3. 了解写梗概一般经历的三个步骤。

二、学习过程

1. 小组梳理回顾课本《鲁滨逊漂流记（节选）》的梗概。

读懂内容，导图回顾《鲁滨逊漂流记（节选）》的脉络。

共学提示：

我们写梗概时要注意哪些方面？

我们可以用哪些方法来写梗概？

2. 取舍得当，保留主干：重要章节中不影响整体情节的可以删去。

3. 简练语言，概括情节。

用简练的语言回答：作品中的人物遇到了什么困难？（问题、矛盾、冲突等。）他想了什么？又做了什么？

出示课件：

《安家》片段

困难：没有住所。

做法：在山坡上选择了一块有水源、可以防御野兽的地方，用木头和船帆搭起来一座简陋的帐篷。

原因：那儿可以看到海面，他希望瞧见过往的船只，以便请求救援。

4. 情节连贯，简练概括非主干内容。

5. 综合梳理，探究发现。

6. 梳理要点。

浏览自己拟写梗概的作品目录，围绕作品主题和人物形象，借助表格，"理"出要保留主要情节的章节。

表 3-11　梳理作品梗概表

作品主题	
人物形象	
故事发生	
情节发展	
故事结局	

筛取重点，列出标题。自助浏览保留章节的内容，找到主要情节中的重点段落，并列出小标题，填入表格。

表 3-12 筛选作品中的主要情节与重点段落

作品名称	主要情节	重点段落
例：《鲁滨逊漂流记（节选）》	荒岛生存	流落荒岛、船中搬物、搭建帐篷、打猎捕鱼、圈养山羊、播种麦子

7. 总结：利用表格有效地呈现如何捕捉整本书的关键内容，有针对性地进行思考，围绕作品主题和人物形象进行信息的提取概括。

模块三　表达与交流（2课时）

一、学习目标

1. 为《爱丽丝漫游奇境》写作品梗概。
2. 能与同学分享自己写的梗概，并根据反馈进行修改。

二、学习过程

课时 1

1. 了解梗概的意义，明确写梗概的基本要求。

读懂内容，把握脉络。

筛选概括，合并成段。

锤炼语言，连贯表达。

2. 提前阅读，把握书的主要情节和脉络。

3. 借助示例，了解写梗概的基本方法。

4. 交流讨论，及时修改完善。

5. 作业布置：尝试写写自己喜欢的一本书的梗概，跟家人或同学进行交流分享。

6. 总结：通过对《爱丽丝漫游奇境》的梗概分享，深入地掌握写梗概的方法，减少对写梗概的错误认识，提升写梗概的质量。

课时 2

一、学习目标

1. 能与同学分享自己写的梗概，并根据反馈进行修改。

2. 将自己喜欢的一本书的梗概进行分享。

3. 根据建议进行有针对性的修改。

二、学习过程

1. 小组内进行交流分享，互相提出建议，进行修改。

2. 学生自愿进行班级内的交流分享。

3. 同学们提出合理建议进行修改，激发同学们的分享热情。

4. 组织评选活动，对于同一本书的梗概进行比较。

主要情节是否一致？哪里还可以进行修改？

哪些内容可以保留？哪些内容可以舍弃？哪些地方需要增补内容？哪些地方可以换句型？哪些地方可以调整顺序？

重要内容不遗漏，语言简洁、连贯、清楚。

大家相互分享、学习、借鉴。

5. 总结：本节课中，学生品读经典作品，掌握了书籍梗概的写作方法，培养了分析能力及表达能力。

巧用情感表达方式，让真情自然流露

——统编版六下第3单元整体教学设计

尹雪梦

【设计理念】

统编教材六年级下册第3单元是一个习作单元，延续之前习作单元的编排体系，由"精读课文""交流平台""初试身手""习作例文""习作"构成。

本单元的语文要素是"体会文章是怎样表达情感的"，引导学生学习表达真情实感的方法。习作要求是"选择合适的内容写出真情实感"，"写出真情实感"就是有真意，说自己想表达的话，不说假话、空话、套话。"写出真情实感"，也是为人真诚的体现，引导学生写出真情实感，既是教学生习作，也是教学生做人。

围绕本单元的语文要素和人文要素，在设计本单元教学时需要注意，第一，引导学生明确表达真情实感不仅是习作的基本原则，也是做人的原则，引导学生树立表达真情实感的自觉意识。第二，要帮助学生解决写什么的问题，让学生愿意并敢于表达真情实感，让学生敢于表达、善于表达。第三，把握精读课文的表达特点，明确习作例文的教学定位。了解两篇精读课文表达情感方法的异同。不要进行写作方法的抽象归纳，内容理解不宜过深。第四，注意联系学生已有的经验，根据需要灵活调整各版块的顺序。如可以先让学生提前记录自己的心情变化，根据记录情况，结合精读课文、习作例文的学习再进行有针对性的指导。

【内容简介】

围绕本单元的语文要素，教材编排了两篇精读课文：《匆匆》用细腻的笔触描摹了时光的无情流逝，抒发了时不我待的遗憾和感慨；《那个星期天》

写了"我"第一次殷切地盼望母亲带"我"出去玩的经历，表现了"我"从盼望到失望的心理变化过程，展示了"我"细腻、敏感、丰富的情感世界。前一篇课文侧重把情感直接表达出来，后一篇课文侧重把情感融入具体的人、事、景物中。两篇课文的课后练习，都在引导学生学习表达真情实感的方法，为单元习作做准备。

"交流平台"围绕写文章怎样表达真情实感展开交流。结合两篇精读课文，总结了表达真情实感的两种方法，目的是引导学生尝试运用这些方法表达自己的真情实感。

"初试身手"是学生对本单元写作方法的初步运用。教材提供了两个示例，让学生进一步感受把情感融入景物之中的表达方法，并尝试运用这样的方法进行练写。

"习作例文"是学生习作的范例。例文《别了，语文课》写了一直讨厌语文课的"我"忽然对这门课产生了兴趣，说明了情感产生变化的缘由，抒发"我"对母语的热爱及对祖国的不舍之情。例文《阳光的两种用法》写了"我"的母亲和毕大妈对阳光的两种用法，表达了"我"对母亲和毕大妈这样的普通劳动者的赞美之情。两篇习作例文通过批注和课后练习，引导学生进一步感受可以怎样表达真情实感。

单元习作要求意在引导学生选择合适的内容写出自己的感受，进一步体会怎样真实、自然地表达自己的情感。教材提供了 14 个词语，分成两类心情，引导学生从这些心情唤起丰富的生活体验，然后记录自己的真实生活，表达自己的真实感受。

【单元目标】

一、核心目标

通过阅读了解课文内容，学习课文运用的习作方法，结合生活中印象深刻的经历选择合适的内容，真实自然地表达自己的真情实感。

二、常规目标

1.随文学习生字词语。认识"藏、挪"等 19 个生字，会写"确乎、空虚"等 29 个词语。

2. 了解课文内容，体会作者表达的情感。

3. 能联系课文内容，感悟作者表达情感的方法。

4. 能结合课文内容，交流表达真实情感的方法。

5. 能选择一两个情境，运用把情感融入景物之中的方法写几句话。

本单元教学设计从综合性学习教学、教科书教学、类文阅读教学设计三个方面展开。通过品读、自读，学习表达真情实感的方法。通过交流、仿写、习作，学习并运用表达真情实感的方法，能真实自然地表达自己的情感。梳理单元内容，整合本单元语文要素，使学生从整体上把握单元脉络。在构建课内外联系的过程中，开展语文综合性学习并进行类文阅读，进一步落实语文要素。

【教学设计】

第一部分 教科书教学设计

模块一 阅读鉴赏（2 课时）

一、学习目标

1. 了解课文内容，体会作者表达的情感。

2. 联系课文内容，能抓住关键语句，感悟作者表达情感的方法。

3. 能结合课文，交流表达真实情感的方法。

二、学习过程

课时 1

（一）整体感知，谈话导入

1. 古往今来，有多少人用格言、诗文抒发对时间流逝的感慨，你知道哪些感慨时光流逝的名言？

2. 板书课题，引导学生结合课前资料，介绍朱自清。

（二）走进文章，感知情感

1. 默读课文，学生圈画出从哪些语句中感受到时光匆匆、一去不复返的。

初步感受作者表达情感的方式，在书上批注。

2. 聚焦第 3 自然段，引导学生关注作者选取身边常见的事物，把情感融入景物描写中的方式，这样使情感表达得更加充分。

3. 仿照第 3 段的表达方式，进行仿写练习。初步培养学生选择合适的内容写作的能力。

4. 聚焦课文中的问句，引导学生体会作者用一连串的问句直接、强烈地抒发情感的表达方式。

（三）梳理总结，布置作业

1. 梳理总结：回顾作者所表达的情感，体会作者直接抒情的情感表达方式。

2. 作业设置：再次浏览课文，总结作者是怎样来写时间一去不复返的。

课时 2

（一）整体感知，谈话导入

我们学习了朱自清用直接抒情的方式表达情感，我们再走进《那个星期天》，学习史铁生是如何表达情感的。

（二）理解课文，感知情感

1. 初读课文，寻找课文的线索。（"我"的心情。）

3. 梳理变化：随着"我"心情的变化，"我"的动作和周围的环境分别发生了怎样的变化？用思维导图表现出来。

2. "我"的心情经历了细腻而曲折的变化，作者是通过哪些描写手法体现的？

借助动作描写来表现心理活动。

借助内心独白来表现心理活动。

借助环境描写来表现心理活动。

（三）梳理总结，布置作业

1. 梳理总结：梳理人物心情、动作和周围环境的变化，感受作者把情感融入具体的人、事或景物之中自然地表达情感的方法。

2. 作业布置：再次浏览课文，总结作者是怎样将自己的心情变化写出来的。

模块二 梳理探究（1课时）

一、学习目标

1. 比较《匆匆》和《那个星期天》在情感表达方式上的异同。

2. 在充分阅读的基础上，梳理情感表达方式。

二、学习过程

（一）巧用课后习题，探究课文表达情感方式的异同

1. 小组合作学习，找出《匆匆》和《那个星期天》两篇课文中抒发作者情感的句子，谈谈作者是如何抒发情感的。

2. 小组合作填写表格。

表 3-13 《匆匆》和《那个星期天》在情感表达方式上的异同

	相同点	不同点		
		表达内容	表达方式	描写手法
《匆匆》				
《那个星期天》				

（二）结合"交流平台"总结情感表达的方式

引导学生自主阅读"交流平台"，总结抒发情感的不同方法。

（三）梳理总结，布置作业

1. 梳理总结：回顾课堂收获，梳理情感表达的方式。可以把情感融入具体的人、事或景物中，在叙述中自然而然地流露情感。也可以把心里想说的话直接写出来，抒发自己的情感。

2. 布置作业：回顾原来学过的课文，哪篇用到了以上情感表达方式?

模块三 表达交流（3课时）

一、学习目标

1. 能选择一两个情境，运用把情感融入景物之中的方法写几句话。

2. 能选择合适的内容，把内容写具体。

3. 能把自己的情感真实、自然地表达出来。

4. 能评价同学的习作并提出修改建议。

二、学习过程

课时 1

（一）回顾情感表达的方式

1. 本单元课文中有哪些表达情感的方式？

2. 学生交流：可以抓住课文中的关键语句举例交流。

（二）通过阅读例文，探究情感表达的方式

1. 学生依据批注自学"习作例文"。

2. 聚焦两篇"习作例文"，引导学生在自己习作中选择恰当的事例。

3. 找出《别了，语文课》中作者的内心独白，课文中有哪些地方有类似的独白？引导学生在自己的习作中加上些内心独白，直接表达情感。

4. 找出《别了，语文课》中的情感变化。引导学生发现写出情感变化的方法。

（三）完成"初试身手"练习，并进行修改

1. 阅读"初试身手"中的两则材料，体会心情对感受事物的影响。

2. 学生练笔：引导学生自由选择情境，想想心情"好"和"不好"时看到的景物、听到的声音分别是什么样的。要求：应是自己熟悉的情境，能够做到有话可说。

3. 选择一两名学生做全班交流。教师可根据交流情况提问：你看到了什么？听到了什么？如果思路打不开，可以用小巷、田野等图片、视频给予帮助。

4. 交流评改。

（四）梳理总结，布置作业

1. 梳理总结：可以在自己的习作中加上些内心独白，直接表达情感。通过人物的动作和人物对周围环境的感受写出情感变化。

2. 布置作业：修改"初试身手"中的小练笔。

课时 2

（一）读词语，激活情感

1. 自读教材中提供的两组分别表达积极情感体验和消极情感体验的词语，照样子将综合性学习中记录的情感进行分类。

2. 回顾综合性学习中记录的内容，总结：事情都是真实的、熟悉的，在具体的内容、细节讲述中，情感自然地流露出来了。

（二）尝试习作，表达真实情感

1. 引导学生回顾本单元课文是怎样表达情感的，提示学生可以在习作中有选择地运用相关的方法。

2. 习作要求：

把印象深刻的内容写具体，把情感真实自然地表达出来。

在事情发展过程中，如果情感有变化，把情感变化写清楚。

3. 根据要求，同桌口头交流习作内容。提示：可以以"初试身手"的练笔为基础。

（三）梳理总结，布置作业

1. 梳理总结：总结本节课的收获。

2. 作业布置：完成习作。

课时 3

（一）习作分享，赏析学习

1. 习作反馈：课前同学们完成了自己的习作，同桌之间交换阅读，进行讲解赏析，定出评价标准。

2. 同桌习作赏析。

评价要求：事例恰当，内容具体；如果情感有变化，能把情感的变化写清楚；如果能将情感融入具体环境、事物中更好。

（二）修改习作，交流展示

1. 学生对照评价要求，自主修改。

2. 学生之间互相赏析。

（1）学生互读习作。

（2）学生围绕"从哪里可以感受到真情实感"这个重点，从三方面给予反馈：值得称赞、建议修改、存在问题。

（三）推选优秀作品

推选优秀习作，进行全班展览。

第二部分　相类文章阅读教学设计

模块一　阅读鉴赏（1 课时）

一、学习目标

1. 自主阅读，了解文章主要内容，体会文章蕴含的思想情感。

2. 培养学生探索语言，对文章内容分类整理和概括的能力，深入体会情感表达的不同方式。

二、学习过程

（一）谈话激趣，导入课题

我们刚学过《匆匆》，通过学习，你有什么收获？（从内容方面或者情感表达方面讲。）

（二）阅读文章，整体感知

1. 阅读沈从文《时间》，蒙田《热爱生命》和林清玄《和时间赛跑》三篇文章，你有什么发现？

2. 阅读三篇文章，圈画从哪体会到时间一去不复返的，进行批注。

3. 集体交流，深入阅读文本。思考富有深意的语句，进一步明确文章主旨。

（三）课时总结，作业布置

1. 课时总结：总结本课收获。

2. 作业布置：继续阅读三篇文本，总结文本中的异同之处。

模块二　梳理探究（1 课时）

一、学习目标

1.通过对文章句子的反复品读和体味，体会同一主题可以有不同的表达方式。

2.通过类文阅读，激发学生课外阅读文章的兴趣。

二、学习过程

（一）复习导入

《时间》《热爱生命》《和时间赛跑》三篇文章写了哪些内容？

（二）作业反馈，整体情感表达方式

1.总结《匆匆》和这三篇文章的异同之处。小组交流，填写表格：

表 3-14　课文《匆匆》与另外三篇文本的异同

文章	相同点	不同点
《匆匆》		
《时间》		
《热爱生命》		
《和时间赛跑》		

2.初步交流，补充自己的发现。找出有代表性的语句，进行分析交流。

3.通过对比阅读，发现文章相同点是主旨都和珍惜时间相关，不同点是情感表述方式不同。在异同比较中感受同一主题可以有不同的表达方式。

（三）总结升华

我们通过课内外阅读，感受到了情感表达可以有不同的方式，我们也要在今后的学习中学会应用。

模块三　表达交流（1 课时）

一、学习目标

1.在对所学课文进行回顾的过程中，进一步感悟各种情感表达方式的妙

处所在。

2.培养学生发现文章中的细节的能力，训练学生思维，为以后习作中表达真情实感做铺垫。

二、学习过程

（一）回顾情感表达方式

总结情感表达方式：可以把情感融入具体的人、事或景物中，在叙述中自然而然地流露情感。也可以把心里想说的话直接写出来，抒发自己的情感。

（二）回顾所学课文，体会表达方式的不同

1.集体回顾，教师出示课文，如：《盼》《好的故事》《慈母情深》等，交流讨论课文分别运用了哪种情感表达方式，举例说明。

2.小组总结回顾所学课文，还能想到哪些文章是真情自然流露的？举例说明文章是如何流露真情的。

（三）总结升华

通过课内外的阅读，我们了解了让真情自然流露的方式还有很多，今后我们还要继续阅读，体会表达真情的方法，及时归类整合、总结应用。相信在你们的努力下，肯定能提高自己的阅读能力和习作能力！

第三部分　语文综合性学习设计

模块一　阅读鉴赏（1课时）

一、学习目标

1.通过综合性学习活动，联系生活实际，唤醒学生真实的情感体验。

2.了解生活中经历的一切，都会带给我们各种情感体验。

二、活动过程

（一）激趣引入，唤醒情感体验

谈一谈现在的心情，什么事情使你产生了这样的情绪？

（二）口头交流

生活中经历的每件事，都会给人带来各种情绪变化，并且情绪产生后，也会带来一系列行为上的改变，举例说说。

预设1：烦躁时不爱搭理别人。（自身行为。）

预设2：开心时觉得小鸟叫声好听。（对身边事物的感受。）

（三）总　结

通过交流得知，生活中的经历，会带给我们各种各样的情感体验，总会有某件事让我们产生了这种情感。这种情感会带来一系列自身行为的变化，或者是对身边事物感受的变化。

模块二　梳理探究（1课时）

一、学习目标

1. 了解心情不同，看身边事物的感受也会不同。

2. 了解生活中熟悉的、亲身经历的、对自己有影响的真人真事，为习作选择合适的内容做铺垫。

二、活动过程

（一）回顾上节课交流的内容

情感变化会带来一系列我们自身行为的变化，或者是对身边事物感受的变化。

（二）布置综合性学习任务：记录自己一天的心情变化

1. 请记录自己一天的心情变化。

记录时注意：

记录心情。

记录产生每种心情的原因。

记录产生每种心情后自身的行为，或者看周围事物时的感受。

合理安排记录方式，可用表格、曲线图等方式呈现。

2. 自己制定记录方式。

（三）总结

通过记录自己一天的心情活动，让我们注意到我们生活中熟悉的、亲身经历的、对自己有影响的真人真事，请你动笔记录，看看有什么发现。

模块三　表达交流（1课时）

一、学习目标

1.初步了解情感表现有不同的方式。

2.培养学生善于观察、勤于思考的能力。

二、活动过程

（一）完善记录内容

1.核对记录要求，完善内容和格式。

2.组织语言，准备进行汇报。

（二）展示评价

1.学生小组内展示记录结果。

2.组内评价，推选出记录完整、符合要求、真实具体的结果，向集体展示。

3.同学评价，发表意见。

4.再次修改、完善自己的记录结果。

（三）总结

通过一天的观察和记录，发现情感表现可以是自身心情的直接表达，也可以表现在对身边事物的不同感受上。我们要善于观察、思考并记录，才能发现原来生活中有这么多熟悉的真人真事影响着我们的情感。

关注人物描写，借助相关资料，体会人物品质

——统编版六下第 4 单元整体教学设计

王继红

【设计理念】

六年级下册第 4 单元是以人文主题和语文要素双线结构组成的单元，包括五个部分：导语、课文（精读 3 篇，略读 1 篇）、口语交际（即兴发言）、习作（"心愿"）和语文园地。本单元编排了两个语文要素，一是"关注外貌、神态、言行的描写，体会人物品质"，二是"查阅相关资料，加深对课文的理解"。这两个要素学生都已经学过，这次复现是为了强调对这两个要素的综合运用。围绕这两个要素，教材设计了多角度、多层次的练习。《十六年前的回忆》不仅可以借助言行体会人物品质，还能通过查找资料进一步了解先烈的革命事迹；《金色的鱼钩》引导学生从言行描写中体会老班长的可贵品质；《为人民服务》引导学生通过查阅资料，并借助"阅读链接"理解课文的关键语句；语文园地"词句段运用"栏目要求学生能品读语句，通过外貌和神态描写体会人物品质。本单元课文时代较为久远，学生理解起来有一定的障碍，综合运用学过的一些方法，能促进学生对课文的理解。本单元的习作内容是写出自己的"心愿"。习作要求是"选择适合的方式进行表达"，这是对学生六年来学到的表达方式的一次综合检验，也是学生进行有目的的表达的初步尝试。单元的语文要素，学生之前都学习过，教师要引导学生根据阅读的需要查阅资料，通过自主阅读把握课文主要内容，引导学生关注人物描写的语句，联系上下文、结合相关资料体会人物品质。让学生综合运用学过的方法，在自主阅读理解、讨论交流的过程中不断提升语文能力。

【内容简介】

本单元以"理想和信念"为主题,围绕人文主题和语文要素,编排了三篇精读课文《古诗三首》《十六年前的回忆》《为人民服务》,一篇略读课文《金色的鱼钩》。《古诗三首》是咏物言志诗,通过所写的事物抒发了诗人做一个高尚正直的人的坚定志向。《十六年前的回忆》是李大钊同志的女儿李星华写的一篇回忆录,通过对李大钊被捕到被害的回忆,展示了革命先烈忠于革命事业的伟大精神和面对敌人坚贞不屈的高贵品质。表达了作者对父亲的敬仰与深切的怀念。文章是按被捕前、被捕时、法庭上、被害后的顺序来叙述的。全文前后照应、首尾连贯,使整篇文章显得紧凑。《为人民服务》是毛泽东主席于1944年9月8日在张思德同志追悼会上所作的演讲。当时,抗日战争正处在十分艰苦的阶段,有许多困难需要克服。毛泽东主席针对这一情况,讲述为人民服务的道理,号召大家学习张思德同志完全、彻底地为人民服务的精神,团结起来,打败日本侵略者。《金色的鱼钩》是一篇略读课文,描写的是红军长征途中发生的一件感人至深的故事。课文用"金色的鱼钩"作题目,意义深刻。"鱼钩"记录着老班长的英雄历程,闪耀着老班长金子般的思想光辉,象征着老班长崇高的革命精神永垂不朽。本文的教学目标是让学生体会课文所表达的思想感情,受到忠于革命、舍己为人的精神教育,学习作者抓住人物的语言、动作、神态,展现人物内心的表达方法。训练简要复述故事的能力,提高学生的语言表达能力。本文的教学重点是体会文章中蕴含的思想感情,难点是理解"在这个长满了红锈的鱼钩上,闪烁着灿烂的金色的光芒"这句话的含义。本单元课文体裁多样,有古诗、回忆录、演讲稿和小说;内容丰富,有的抒发了作者高尚的情操和远大的志向,有的追忆了革命先辈的感人事迹,有的阐述了革命志士共同的理想与信念,从不同侧面展现了"人生自古谁无死,留取丹心照汗青"的英雄气节和民族精神,有助于学生树立远大理想,培养高尚的道德情操。

【单元目标】

一、核心目标

通过阅读把握课文的主要内容,能关注人物的外貌、神态、言行,体会人物的品质，受到革命文化教育。能借助相关资料，加深对课文的理解。在习作时，选择适合的方式进行表达。引导学生深入字里行间，提炼文章的写作方法和表达方式。

二、常规目标

1. 会写"络、锤、稚、避、彻、迁"等28个字，会写"埋头、含糊、幼稚、革命、解放"等37个词语。

2. 有感情地朗读课文。背诵《古诗三首》和《为人民服务》的第2、3自然段。默写《竹石》。

3. 把握课文的主要内容，能关注人物的外貌、神态、言行，体会人物的品质，受到革命文化教育。

4. 能借助相关资料，加深对课文的理解。

5. 能根据场合、对象等，稍做准备，即兴发言。

6. 能选择适合的材料与方式表达自己的心愿，能用修改符号自主修改习作。

7. 能围绕文章的开头和结尾展开交流，体会这样写的好处。

8. 能联系读过的古诗，了解哪些事物被赋予了人的品格和志向。

9. 体会外貌和神态描写对刻画人物形象的作用。

10. 背诵一组有劝勉意义的俗语。

本单元教学设计围绕教科书教学、整本书阅读教学、语文实践活动教学三个方面展开。通过品读、自读、查阅资料，学习体会人物品质的基本方法。通过阅读、交流、习作，学习并综合运用各种写作方法进行习作。梳理单元内容，整合本单元语文要素，使学生从整体上把握单元脉络。在构建课内外联系的过程中，阅读整本《红岩》并开展语文实践活动，进一步落实语文要素。

【教学设计】

第一部分　教科书教学设计

模块一　阅读鉴赏（2课时）

一、学习目标

1. 通过阅读把握课文的主要内容，能关注人物的外貌、神态、言行，体会人物的品质，受到革命文化教育。

2.能借助相关资料，加深对课文的理解。

3.引导学生深入字里行间，提炼文章的写作方法和表达方式。在习作时，选择适合的方式进行表达。

二、学习过程

课时1

（一）激发兴趣，引入课题

1.通过课前预习，请你猜一猜图片上是哪个人物？（出示图片）

预设：李大钊、张思德、炊事班长……

2.通过这些人物的名字，你们猜猜他们都有什么品质呢？

3.请你先看本单元的导语，再看这些人物是哪几篇课文的人物？（板书课题，齐读）

（二）深入理解，感悟特点

1.播放课件语音，听写词语，学生自主对着屏幕答案进行订正。

2.从书中找到听写的词语出现的句子读读，初步感受人物的精神品质。

3.认真阅读课文，画出描写人物外貌、神态、言行的句子，体会人物的精神品质，并在书上做简单批注。

4.学生交流，组组补充。

5.试着做思维导图，理出人物关系，突出人物的精神品质。

> 李大钊：外貌、语言、神态描写→沉着镇定、无私无畏
>
> 张思德：外貌、语言、神态描写→全心全意为人民服务
>
> 炊事班长：外貌、语言、动作描写→忠于革命、尽职尽责、舍己为人

6.读古诗，理解诗意，三首古诗分别表现了诗人怎样的志向？表达的方法有什么共同特点？

（三）课时梳理与作业设置

1.课时梳理：梳理课上提到的把握体会人物精神品质的基本方法，抓主要人物，可用思维导图、人物介绍等方法。

2.作业设置：查阅相关资料，加深对古诗及课文中人物的理解。

课时 2

（一）课前反馈

利用查阅的相关资料，自选课文中的一个人物，交流对课文中人物的理解。

1. 学生用思维导图、人物介绍等各种方式展示自己的作业。

2. 生生互评，分析判断学生交流的理由是否正确，选择的方式是否合适。

（二）给资料分类

学习采用多种途径获取与教材内容相关的信息资料，包括查字典理解字词义、作者简介、写作目的、写作背景、社会背景及对理解文本人物、情节和内容有作用的资料。

1. 查阅作者的资料。学习《石灰吟》一诗时，查阅资料，可知于谦为官廉洁正直，深受百姓爱戴。明英宗时，瓦剌入侵，明英宗被俘。于谦议立明景帝，亲自率兵固守北京，击瓦剌。这首《石灰吟》可以说是于谦生平和人格的真实写照。

2. 查阅写作目的。阅读《为人民服务》时，查阅资料了解到这是毛主席于 1944 年 9 月 8 日在张思德同志追悼会上所作的演讲。当时，抗日战争正处在十分艰苦的阶段，有许多困难需要克服。毛主席针对这一情况，讲述为人民服务的道理，号召大家学习张思德同志完全、彻底地为人民服务的精神，团结起来，打败日本侵略者。这有利于加深我们对课文的理解。

3. 查阅课文的社会背景。阅读《金色的鱼钩》，可以查阅有关红军长征的历史资料，了解红军长征的艰难，感受红军"万水千山只等闲"的豪迈气概。这对于感悟老班长的形象不无裨益。

（三）重点讲评人物介绍，为习作"选择适合的方式进行表达"做准备

结合学生已查阅的资料，有重点地对选定的人物进行介绍，梳理体会人物品质的方法。

这种方法可以分组合作完成：

1. 根据选定的人物进行分组。

2. 喜好相同的人负责一部分内容，组员分工合作介绍人物。

3. 在小组交流的基础上进行全班交流。

（四）课时梳理及布置作业

1.总结本节课的收获。

2.布置作业：以组为单位，继续收集资料，打印张贴在班级展板上。

模块二 梳理探究（1课时）

一、学习目标

1.在把握课文内容的基础上，梳理习作表达的方法。

2.激发学生阅读作家笔下人物的兴趣。

二、学习过程

（一）结合课后习题和重点句子，阅读时关注神态、言行的描写，体会人物品质的基本方法

《十六年前的回忆》课后习题：下面的句子描写了李大钊的外貌、神态和言行。读一读，再找出类似的句子，体会他的品格。

我看到了他那乱蓬蓬的长头发下面的平静而慈祥的脸。

父亲坚决地对母亲说："不是常对你说吗？我是不能轻易离开北京的。你要知道现在是什么时候，这里的工作多么重要。我哪能离开呢？"

父亲不慌不忙地向外走去。

举例交流中发现，可以利用多种方法来体会人物的精神品质。

1.可以用品神态描写的方法。《十六年前的回忆》中，描写父亲被捕时"保持着他那惯有的严峻态度"，在法庭上"他脸上的表情非常安定，非常沉着"，这些句子，表现了李大钊临危不惧、将生死置之度外、对革命事业有着坚定信念的高尚品质。

2.可以用赏语言描写的方法。《十六年前的回忆》中："父亲坚决地对母亲说：不是常对你说吗？我是不能轻易离开北京的。你要知道现在是什么时候，这里的工作多么重要。我哪能离开呢？"李大钊明知形势严峻，处境万分危险，但他决不离开自己的工作岗位，表现了他对革命高度负责的品质。

3.可以用析动作描写的方法。《金色的鱼钩》中："他坐在那里捧着搪瓷碗，嚼着几根草根和我们吃剩下的鱼骨头，嚼了一会儿，就皱紧眉头硬咽下

去。"对老班长的一系列动作描写反映了他坚定不移的革命意志，为革命受难的高贵品质。

4.学习文中对比的手法，揣摩人物内心活动。

（《十六年前的回忆》）在关注人物表现，体会人物品质的基础上，学生交流中发现，也要关注周围人物的言行。在品读中感受不同人物表现背后的心理状态，体会对比烘托的作用。

（《金色的鱼钩》）分析老班长在特定环境下的言行表现，体会言行背后的心理，感受人物的精神品质。

（二）借"阅读链接"梳理体会人物品质的基本方法

1.阅读《董存瑞舍身炸暗堡》《十里长街送总理》这两篇文章，联系课文想一想，动作和神态描写对刻画人物有什么作用。

2.你还学过哪些用神态描写刻画人物的课文？

（三）自主阅读发现体会人物精神品质的基本方法

1.通过阅读，你发现这些体会人物品质的方法了吗？

2.课堂总结与作业布置。

课堂总结：回顾课堂收获，梳理体会人物品质的基本方法。

作业布置：结合体会人物品质的基本方法，阅读更多革命英雄人物的故事。

模块三　表达交流（3课时）

一、学习目标

1.能用流利、通顺的语言描述自己的愿望。

2.选择合适的材料，展开想象，用自己喜欢的表达方式，自由写作，提高学生写作能力。

3.能够让学生说真话、写真话，表达自己最希望实现的愿望。

二、学习过程

课时1

（一）复习巩固，掌握方法

1.本单元课文中为了表现主要人物的精神品质，在叙事过程中运用了哪些写作方法？

2.学生交流。（抓住描写主要人物外貌、语言、动作、神态、心理的语句进行交流。）

（二）品读例文，掌握具体表现人物精神品质的写作方法

1.读课文，把你感受深刻的语句画下来。

2.借助批注感受描写人物方法的作用及表达效果。

（三）习作指导

1.读习作提示，明确要求。

选择你最想和别人交流的心愿写下来。

写之前想一想，选择什么材料能够更好地表达你的心愿。再根据想表达的内容，选择一种适合的方式进行表达，如记叙故事、写信，或者写日记、创作诗歌。

写好以后认真读一读，用修改符号修改不满意的地方，使语言更加通顺、流畅，意思更加清楚、明白。

2.精心选材，同桌交流。

3.全班交流，评价方法。

4.组织语言，动笔成文。

5.学生写作，教师巡视。

（四）课时梳理及作业布置

1.总结本节课的收获。

2.布置作业：习作"心愿"。

课时 2

（一）小结习作，提出任务

1.总结本次习作总体情况，并表扬习作优秀、进步明显的同学。

2.提出评议重点：

是不是把事情的经过写具体了？

是不是写出了自己的真实想法？

（二）欣赏佳作，师生互动

1.欣赏佳作片段，共同评议。（选择 3 位学生的习作片段，进行欣赏，说说值得学习的地方，指出其中的不足。）

2.赏析两篇学生的整篇佳作，抓住上述两点评议。

（三）小组交流，互评互改

1.自读习作，其他人指出优点和不足。

2.各自修改，继续完善习作。修改中，提醒如语句、标点、错字等也要修改。

3.同桌互相修改，小组同学相互交流彼此的作文修改情况。

（四）评选优秀习作作品

小组推选优秀习作，面向全班交流展示。

课时 3

（一）打腹稿准备即兴发言

1.想清楚重点说什么。

2.明确先说什么，后说什么。

3.注意说话的场合和对象。

（二）开展"我的愿望"即兴演讲活动

1.可以先自己练习讲，然后在小组里讲，最后推荐表现优秀的学生面向全班讲。

2.同桌交流互相评价，提出合理化建议。（可以从动作、表情、语气等方面进行评价。）

（三）课时梳理及布置作业

1.总结本节课的收获。

2.作业布置：把自己的愿望讲给同学或爸爸妈妈听。

第二部分　读整本书教学设计——《红岩》

模块一　阅读鉴赏（1课时）

一、学习目标

1.通过导读，学生介绍自己最敬佩的《红岩》中的人物，感受人物品质，提高学生阅读红色经典的兴趣。

2. 弘扬"缅怀革命先辈，继承光荣传统"的爱国精神，引导学生做有信仰、有抱负的新时代主人。

二、学习过程

（一）激发兴趣，揭示课题

你们喜欢阅读作家笔下的人物吗？

你们猜猜这些人物都是谁？（出示书中人物图片。）

这些英雄人物都出自小说《红岩》。从题目中，你读出了什么？

（二）初读作品，整体感知

1. 请读过《红岩》的同学自由谈一谈自己的看法。

2. 教师在学生畅谈的基础上进行凝练和补充。

3. 提问：你打算怎么阅读这本书呢？

（三）设计封面，探究交流

1. 对于这样的一个故事，如果让你设计的话，你会怎样设计封面？

2. 学生交流，谈自己的看法，并结合初读的内容谈谈设计的理由。教师及时点评。

3. 让学生结合内容看看出版社把封面设计成什么样，结合作品说说为何这样设计。

4. 学生分组探究，然后交流。

（四）故事片段，走近人物

1. 老师给你们讲一个故事中的片段，你们知道这个故事的主人公是谁吗？

2. 里面的革命英雄人物形象鲜明，故事情节感人至深。请你打开书，开启你的阅读之旅吧！

（五）革命人物形象初探，试做读书卡

1. 故事中有很多令人敬佩的英雄人物，将你最喜欢的人物做成读书卡，要求图文美观。学生选择自己最喜欢的人物，结合最喜欢的片段用随笔等方式来评论并且交流。

2. 可以尝试多做几张读书卡，张贴在班级展板上。

模块二 梳理探究（1 课时）

一、学习目标

1.在阅读过程中关注细节，关注重要人物、重要情节。

2.结合名著的相关内容提取信息，分析人物，感受革命者身上的浩然正气，树立坚贞不屈的理想信念，培养学生的爱国情怀和百折不挠的坚毅品质。

二、学习过程

（一）回顾内容

1.同学们，我们已经读完《红岩》这本书了，老师给你们出示相应的人物名字和故事名称，你能给它们连线成功吗？

2.（出示相关语句。）这些精彩的语句，你能想到出自哪个人物故事吗？

（二）分享评价

1.课前我们都做了读书卡，谁愿意到展板前边展示？要求说清楚做这个读书卡的理由，可以把你喜欢的人物分享给同学们。用你喜欢的方式介绍你喜欢的人物故事片断。（如：他们是怎样面对酷刑、面对诱惑、面对死亡的。）

2.学生交流，补充评价。在评价过程中，如果你发现他人做的读书卡的人物特点不够鲜明，或故事情节概括得不是很精练，或图文不相匹配，还可以给同伴提出修改的意见。

3.按照事件发生的先后顺序，给读书卡排序，你发现了什么？

4.对你喜欢的故事进行创编，按课本剧的形式，以组为单位进行表演。

5.评价表演。

（三）归纳特点，梳理方法

请你结合我们本单元学的课文和你读的这本《红岩》，想想这些人物身上都有哪些英雄品质。你发现了应该抓住哪些描写人物的方法去体会人物品质呢？

（四）总结提升

我们通过课内外阅读，感受到了鲜活的人物形象，体会到了作家描写人物的方法，抓住人物的语言、动作、神态等体会人物品质，感悟英雄精神。

模块三 表达交流（1课时）

一、学习目标

通过创编故事、创意表演训练学生思维，让学生把学到的语言内化外显，培养学生的空间想象能力、语言表达能力、伙伴合作能力等。

二、学习过程

（一）回忆重点人物

回忆自己读过的作家笔下的众多人物形象，选择自己最喜欢的人物讲给别人听。（成岗临危不惧，视死如归；许云峰英勇斗敌，舍己为人；江姐受尽酷刑，从不畏惧；刘思扬出身豪门却参与革命；成瑶在共产党的熏陶下，渐渐成长，懂得处理各种事……）

（二）创编故事细节

作家笔下的许多人物形象特点鲜明，给我们留下了深刻的印象，但有些细节没有具体呈现出来，请你根据自己对喜欢的人物品质的了解，试着创编故事。

注意创编时要抓住人物的神态、动作、语言等进行细节描写，突出人物的品质。

（三）表扬评价

1. 小组内表演。

2. 全班表演。

3. 评价表演。

（四）总结提升

作家笔下鲜活的人物形象还有很多，今后我们还要继续阅读更多先烈的革命事迹，体会作家描写人物的方法，抓住人物的语言、动作、神态等体会人物品质，感悟英雄精神。

第三部分 语文实践活动设计

模块一 阅读鉴赏（1课时）

一、学习目标

1. 搜集革命先烈的故事，查阅相关资料，加深对课文的理解，了解更多先烈的革命事迹。

2. 在查找资料的过程中，感受抓住人物的语言、动作、神态等体会人物品质，感悟英雄精神的阅读方法。

二、活动过程

（一）回顾课文内容，聚焦喜欢的人物形象

回顾这单元学的作家笔下的革命英雄形象，选择喜欢的人物形象反复读。

（二）查找丰富资料，了解更多革命英雄人物

1. 问一问。向长辈寻问革命英雄的事迹。

2. 查一查。查资料了解革命英雄的事迹。

3. 自己试着设计人物、情节，写出手稿。

4. 设计活动方案。

5. 小组研究修改。

（三）展示交流评价

1. 小组内推荐优秀故事或活动方案设计展示。

2. 全班同学评价。

（四）总结提升

通过这次活动，大家进一步明确了深入了解人物形象，就要抓住描写人物的语言、动作、外貌等表现人物的句子，体会这些描写在突出人物品质上的作用。大家创编的故事和设计的活动方案很好，课下可以练习讲故事，为故事会做好精心准备。

模块二　梳理探究（1课时）

一、学习目标

1.通过语文实践活动，梳理出体会作品中人物品质的方法，并运用到活动中。

2.提高语言表达能力，使学生热爱阅读，乐于分享。

二、活动过程

（一）复习方法

学生交流补充。通过这次语文实践活动，你知道体会作品中人物品质的方法了吗？

（二）梳理构建方法图

1.自己总结体会作品中人物品质的方法。

2.以小组为单位进行评价。

3.全班交流评价。

（三）活动小结

通过今天的学习，我们总结了体会作品中人物品质的方法，正因为用了这些方法，才使我们对文中人物有了更深入的了解，他们形象鲜活，令人终生难忘。

模块三　表达交流（1课时）

一、学习目标

1.追忆英雄人物的光辉事迹，感受英雄精神，使学生受到爱国主义教育。

2.通过讲故事，了解革命历史，学习革命先烈大无畏的英雄气概，陶冶情操。

二、活动过程

（一）课前检查

1. 故事手稿。

2. 服装、道具等。

（二）讲故事，提建议

学生选择课文中的人物或课外搜集的人物故事，进行讲故事比赛。

要求：口齿清晰、表达流畅、精神饱满、仪态自然。表演服装自备，要求大方得体，符合人物身份特征。可采用配乐、幻灯片等辅助方式。时间不得超过 5 分钟。讲稿必须自创，讲故事时要脱稿。

同学评价，提出建议。

评选优秀选手，发"故事大王"奖状。

（三）总结提升

通过这次活动，大家对体会人物品质的方法有了更深刻的认识。希望你们课下搜集更多的作家笔下的人物故事来读，感兴趣的还可以以讲故事的形式讲给父母或同学听。

巧用佐证自己的观点的基本方法证明人物观点

——统编版六下第 5 单元整体教学设计

王建明

【设计理念】

六年级下册第 5 单元围绕人文主题和语文要素双线组织单元。它包括五个部分：导语、课文（精读三篇、略读一篇）、口语交际（辩论）、习作（插上科学的翅膀飞）、语文园地。"阅读简单的议论文，区分观点与材料""写简单的议论性文章，做到观点明确，有理有据"是第四学段的阅读与习作的目标。为了给学生做好铺垫，适应这样的文体转换，六年级下册安排了浅易且典型的议论文。而在这之前，从二年级就开始培养学生的说理能力。比如，和人商量的时候，理由要充分。这种能力螺旋提升，一直到六年级下册，"口语交际·同读一本书"中安排了判断别人的话是否理由充分、有说服力，"辩论"中则提示，所举事例要能证明自己的观点、有说服力。

小学高年段是学生逐渐发展抽象思维的阶段。本单元从浅易的议论文入手，能够让学生较好地了解观点与事例之间的关系，培养学生的逻辑思维。在教学中，教师要根据学生的能力把握好适切度，掌握佐证自己的观点的方法。六年级下安排了两种方式：一种是列举事例，如《真理诞生于一百个问号之后》，举不同的例子来证明自己的观点；一种是引用名人名言，使自己的观点更有说服力。表达自己的观点的时候引用原文，这个方法也在教科书中多次出现，不仅在课文中，在口语交际的方法指导中也有所提示。如"口语交际·同读一本书"中提到，引用原文说明观点，会"使观点更有说服力"。

【内容简介】

本单元围绕"科学精神"这个主题编排了《文言文二则》《真理诞生于

一百个问号之后》《表里的生物》《他们那时候多有趣啊》四篇课文。这些课文，有的是对自然现象的独特认识和解释，有的是对日常生活中司空见惯的现象或身边的事物展开的探究，有的则是对未来科技展开的奇特想象，呈现了人们不同的思考和探索。

本单元的语文要素是"体会文章是怎样用具体事例说明观点的"，旨在引导学生初步了解论说类文章常见的表达方法，培养学生不仅要敢于表达自己的观点，还要有理有据地论证观点。围绕语文要素，教材做了有层次、有梯度的安排。《文言文二则》一课中，《两小儿辩日》引导学生思考两个小孩的观点，以及他们说明自己观点的理由。《真理诞生于一百个问号之后》引导学生不仅了解作者的观点，还要懂得作者是怎么有序组织事例证明观点的，课后"小练笔"引导学生从读到写，尝试运用具体事例来说明一个观点。《表里的生物》引导学生对人物进行评价时要找出依据来印证自己的观点。"口语交际·辩论"提示辩论前"选择的事例要有说服力"，是对用具体事例说明观点这一方法的运用，体现了单元编排的有机联系。

本单元的习作要求是"展开想象，写科幻故事"，这是学生第一次尝试写科幻故事。与以往的想象类习作不同，本次习作要结合科幻故事的特点，借助相关的科学知识展开想象，这对提高学生的科学素养、发展他们的创造性思维能力有积极的促进作用。本单元课文《他们那时候多有趣啊》就是一篇科幻小说，为本次习作提供了很好的范例，体现了读写之间的紧密联系。

【单元目标】

一、核心目标

通过阅读了解课文内容，能概括文中事例，体会课文用具体事例说明观点的方法；能展开想象，写出奇特而又令人信服的科幻故事。

二、常规目标

1. 随文学习生字、词语。会写"援、俱、域、惯"等24个生字，会写"真理、领域、机器、钟楼"等37个词语。

2. 能正确、流利地朗读课文。背诵《文言文二则》。

3. 能概括文中事例，体会课文用具体事例说明观点的方法。

4. 能根据相关语句体会人物形象，感受探索精神。

5. 能仿照课文的写法，用具体事例说明一个观点。

6. 能围绕辩题搜集、整理材料，清晰地表达自己的观点。

7. 能抓住对方讲话中的漏洞进行反驳，用语文明。

8. 能展开想象，写出奇特而又令人信服的科幻故事。

9. 回顾六年的语文学习，交流自己养成的良好的学习习惯。

10. 能借助文言文里学过的字的意思，推想词语的意思。

11. 能体会引用的好处，并在习作中尝试运用。

12. 背诵关于发展和创新的名言。

【教学设计】

第一部分　教科书教学设计

模块一　阅读鉴赏（2课时）

一、学习目标

1. 读课文，了解作者的观点，以及他们说明自己观点的理由。

2. 能概括文中事例，体会课文用具体事例说明观点的方法。

3. 能根据相关语句体会人物形象，感受探索精神。寻找佐证自己观点的方法和规律。

二、学习过程

课时 1

（一）整体入手，引发兴趣

1. 通过课前预习，请你说一说本单元的课文的作者是谁?

预设：孟子、张湛、叶永烈、冯至、艾萨克·阿西莫夫。

2. 结合资料说说你对他们的了解，重点介绍他们的语言有什么特点。

3. 请你先看本单元的导语，再看这些作者的观点是什么。（板书课题，齐读）

（二）走近课文，初步了解

1.听写词语，对书订正。

2.从书中找听写到的词语出现的句子读读，初步感受作者的观点。

3.认真阅读课文，找出主人公观点的句子画下来，在书上做批注。

4.学生交流，组内补充。

5.试着做思维导图，理出作者观点，寻找佐证作者观点的句子。

《学弈》→条件同、态度异，结果不同

《两小儿辩日》→两小儿辩斗，孔子不能决

《真理诞生于一百个问号之后》→观点，三个事例证明

《表里的生物》→引出疑问，印证猜想

《他们那时候多有趣啊》→发现一本真正的书，多有趣

（三）梳理课时，布置作业

1.课时梳理：梳理课上提到的寻找佐证自己观点的方法和规律。

2.作业设置：从这几个观点中任选一个，细致分析，说说自己喜欢的理由。

课时 2

（一）预习作业反馈，交流感想

1.学生用思维导图、列提纲等方式展示自己的观点。

2.生生互评，看看理由是否充分。

（二）重点讲评

学生分小组交流讨论自己提出的观点所对应的证据是否充分。

（三）梳理课时，布置作业

1.总结本节课的内容。

2.布置作业：

以组为单位，收集思维导图，制作依据册，以备展览。

"口语交际"的片段练习。

模块二　梳理探究（1课时）

一、学习目标

1.在充分阅读的基础上，梳理佐证自己观点的基本方法。

2.激发学生阅读作家笔下人物观点的兴趣。

二、学习过程

（一）结合课后习题发现有理有据地论证观点的基本方法

1.《文言文二则》课后习题：在《两小儿辩日》中，两个小孩的观点分别是什么？他们是怎样说明自己的观点的？

引导学生在举例交流中发现，只要善于观察、勤于思考也能有独特的发现。

2.《真理诞生于一百个问号之后》课后习题：为了证明自己的观点，作者列举了哪几个事例？每个事例是按照怎么样的顺序写的？

引导学生在交流中体会到用具体实例证明观点的写法。

（二）借"口语交际"梳理证明自己观点的基本方法

1.选用具体事例，把它写具体。按照观察想象—提出问题—发明或发现的顺序写具体，还可以引用名人名言，使自己的观点更有说服力。

2.你原来学的课文中还有哪些用到这些方法？

（三）自主阅读发现佐证自己观点的基本方法

1.通过阅读，你发现佐证自己观点的基本方法了吗？

2.课堂总结与作业布置。

课堂总结：回顾课堂收获，梳理佐证自己的观点的基本方法。

作业布置：结合佐证自己观点的基本方法，阅读更多作家笔下的论说类文章。

模块三　表达交流（3课时）

一、学习目标

1.利用各种方式梳理佐证自己的观点的基本方法。

2. 能展开想象，写出奇特而又令人信服的科幻故事。

3. 能够修改自己的习作，使习作内容具体、语句通顺。

4. 在充分了解佐证自己观点的基本方法的基础上，能充分发挥想象，创编科幻故事进行表演。

二、学习过程

课时 1

（一）复习巩固佐证自己观点的基本方法

本单元课文中的主要观点是什么？文中选取了什么事例来写？为什么选取这些事例来写？

学生交流：抓住引用名人名言的语句和具体事例来交流。

（二）读例文，掌握佐证自己的观点的基本方法

1. 读习作例文，把感受深的语句画下来。

2. 借助批注感受使用佐证自己观点的基本方法的巧妙。

（三）指导学生修改"口语交际"中的练笔

1. 出示要求：能围绕辩题搜集、整理材料，清晰地表达自己的观点。

2. 讲评明确标准。

3. 学生自己修改。

（四）习作指导

1. 读习作提示，明确要求。

能展开想象，写出奇特而又令人信服的科幻故事。选择典型事例说明观点。

运用本单元学过的佐证自己观点的基本方法。

题目自拟。

2. 自己选素材，同桌交流。

3. 全班交流。

（五）梳理课时，布置作业

1. 总结本节课的收获。

2 布置作业：写出奇特而又令人信服的科幻故事。

课时 2

（一）初步赏析习作

1.教师选典型习作赏析。教师提供习作标准，给出不同水平的习作，进行赏析。

2.小组成员进行互评。

（二）深入修改习作

1.学生自己根据同学间的修改意见进行修改。

2.同桌交换修改后的作品，再次进行修改。

3.学生综合前两次的修改，对自己的习作做最终修改。

（三）选优秀作品

小组投票，选出具有代表性的优秀作品在全班范围进行展示。

课时 3

（一）能充分发挥想象，创编科幻故事

1.自己发挥想象力，完成前期素材等内容的准备。（重点从大胆、奇特、新颖、令人信服等方面创编。）

2.同桌根据自己收集的信息，互相交流指导。（注重讲故事时的神态和表情。）

（二）开展"插上科学的翅膀飞"活动

可以单人讲，也可以多人讲，可以借助道具。

（三）梳理课时，布置作业

1.归纳总结本节课的所学与所得。

2.布置作业：把自己创编的科幻故事讲给爸爸妈妈听。

第二部分　读整本书教学设计——《三体》

模块一　阅读鉴赏（1课时）

一、学习目标

1.通过导读，激发学生阅读《三体》的兴趣。

2.通过欣赏这部科幻小说，体会到作者具有丰富的想象力，判断作者必定非常热爱科学。小说中作者对人性的本质写了很多自己的见解，特别是在不同的环境中表现得淋漓尽致，果然很多的真理都是掌握在少数人手里。

二、学习过程

（一）借助提示，充分激趣

1.你们喜欢阅读作家笔下的科幻故事吗？

2.你还知道哪些作家笔下的科幻故事呢？

3.老师和你们一样，也喜欢作家笔下的科幻故事。你们猜猜这些科幻故事都是谁写的？（出示相应故事情节。）

4.这些奇特而又新颖的故事都出自刘慈欣写的科幻小说《三体》。从题目中，你读出了什么？

（二）浏览目录，形成印象

1.看目录，你了解到哪些信息？

2.看目录，你最喜欢哪个故事情节？

3.你打算怎么阅读？

（三）听故事，谈感受

老师对其中的一个或多个故事进行讲述，同学们猜一猜该故事在整本书中的位置，并说出自己的理由，谈一谈自己的感受。

（四）奇特故事初探，试做情节插画书签

结合故事情节，制作具有科幻性的插画书签。

模块二　梳理探究（1课时）

一、学习目标

1.梳理书中观点，进一步夯实佐证自己观点的基本方法。

2.品语言，感悟书中独特的语言风格和艺术价值。

二、学习过程

（一）整体回顾

1.同学们，我们已经读完了《三体》这本书了，老师给你们出示相应的

插图和故事名称，你能很好地给它们连线吗？

2.（出示相关语句）读这些精彩的语句，你能说一说与之相关的情节吗？

（二）成果展示

1.分成小组完成内部推选。

2.以小组为单位进行交流。

3.各个小组派出代表介绍自己的创作意图。

（三）归纳总结

请你结合我们本单元学的课文和你读的这本《三体》，说说你发现了哪些佐证自己观点的基本方法。

（四）深入提升

我们通过课内外阅读，感受到了科幻小说的艺术魅力，体会到了作家佐证自己观点的基本方法，我们也要在今后的学习中学会应用这些方法。

模块三　表达交流（1课时）

一、学习目标

通过自己查找、讲述、创编科幻故事，充分激发学生对科幻故事的兴趣。

二、学习过程

（一）聚焦喜欢的科幻情节

回忆自己读过的作家笔下的科幻情节，选择自己最喜欢的情节讲给别人听。

（二）创编喜欢的科幻故事

科幻作家想象力丰富，很多科幻作品都给我们留下了深刻印象，请你根据自己对喜欢的情节的了解，试着创编故事。

注意创编时要把握佐证自己的观点的基本方法。

（三）表演喜欢的科幻人物

学生选择自己喜欢的某部科幻小说中的人物进行表演。

（四）总结升华

作家笔下的许多想象都很神奇，给我们留下了很深的印象，体会作家佐证自己的观点的基本方法，及时归类整合、总结应用。相信在你们的努力下，肯定能提高自己的阅读能力和习作水平！

第三部分　语文实践活动设计

模块一　阅读鉴赏（1课时）

一、学习目标

利用学生对科幻故事的兴趣，进行科幻故事创编和演绎，锻炼学生的实践能力。

二、活动过程

（一）回顾课文寻找喜欢的故事情节

回顾这单元学的科幻故事，选择喜欢的情节反复读。

（二）改编课本剧或设计"事实胜于雄辩"的活动卡

1. 自己试着创编设计。

2. 小组自行修改，然后小组间交换修改。

（三）交流分享

1. 小组内推荐优秀剧本或活动设计展示。

2. 全班同学评价。

（四）总结提升

同学们交流此次实践活动的感受。

模块二　梳理探究（1课时）

一、学习目标

通过语文实践活动，梳理出佐证观点的方法。

二、活动过程

（一）回顾复习

通过这次语文实践活动，你都学到了哪些方法，有什么收获？

（二）梳理归纳

1. 自己总结归纳。

2. 以小组为单元进行评价。

（三）小　结

通过本次学习，我们知道了佐证观点的方法，今后在阅读和讨论中要进行主动思考。

模块三　表达交流（1课时）

一、学习目标

通过辩论的方式，培养学生用理由证明观点的能力。

二、活动过程

（一）前期准备

1. 提供辩题，同学们讨论选择题目。

2. 确定正反方，明确自己的观点。

（二）中期执行

分小组进行辩论赛。

（三）后期反思

回顾这次活动，思考活动中的优点与不足，进行反思讨论。